MANUAL ANTIDROGAS

DR. GUSTAVO TEIXEIRA

MANUAL ANTIDROGAS
guia preventivo para pais e professores

1ª edição

Rio de Janeiro | 2014

CIP-BRASIL. CATALOGAÇÃO NA PUBLICAÇÃO
SINDICATO NACIONAL DOS EDITORES DE LIVROS, RJ.

T266m
Teixeira, Gustavo
 Manual antidrogas: guia preventivo para pais e professores /
Gustavo Teixeira. – 1. ed. – Rio de Janeiro: Best*Seller*, 2014.
 il.

ISBN 978-85-7684-868-4

1. Dependência (Psicologia) 2. Drogas – Abuso – Tratamento
3. Psicologia infantil 4. Psicologia do adolescente 5. Educação
I. Título.

CDD: 616.8606
CDU: 613.83

14-13507

Texto revisado segundo o novo Acordo Ortográfico
da Língua Portuguesa.

Título:
MANUAL ANTIDROGAS
Copyright © 2014 by Gustavo Teixeira

Capa: Elmo Rosa

Todos os direitos reservados. Proibida a reprodução,
no todo ou em parte, sem autorização prévia por escrito da editora,
sejam quais forem os meios empregados.

Direitos exclusivos de publicação em língua portuguesa
para o mundo reservados pela
EDITORA BEST SELLER LTDA.
Rua Argentina, 171, parte, São Cristóvão
Rio de Janeiro, RJ – 20921-380

Impresso no Brasil

ISBN 978-85-7684-868-4

Seja um leitor preferencial Record.
Cadastre-se e receba informações sobre nossos
lançamentos e nossas promoções.

Atendimento e venda direta ao leitor
mdireto@record.com.br ou (21) 2585-2002

Dedico este livro aos dois amores da minha vida: Pedro Henrique e João Paulo. Que eles cresçam habilidosos e cercados de amor e conhecimento para enfrentar os riscos do envolvimento com as drogas de abuso.

E também aos familiares e profissionais que lutam diariamente na prevenção e no tratamento de usuários de drogas no nosso país.

SUMÁRIO

Introdução 11

Parte I
Neurociências e as drogas

   1. O cérebro e as drogas......................... 17

   2. As drogas e os transtornos
     comportamentais na infância e
     adolescência 27

Parte II
Drogas de abuso

   3. Álcool 47

   4. Nicotina.. 55

5. Maconha.. 65

6. Esteroides anabolizantes 77

7. Cocaína... 87

8. Crack.. 95

9. Anfetaminas.................................... 103

10. Ecstasy... 109

11. LSD.. 117

12. Opioides 123

13. Inalantes 131

14. Calmantes...................................... 137

15. Outras drogas 143

Parte III
Programa de prevenção escolar ao uso de drogas

16. Guia dos pais................................. 151

17. Guia dos professores 165

18. Como saber se meu filho está usando drogas? 175

Parte IV
Tratamento

19. Meu filho está usando drogas,
e agora? 183

20. Sites na web...................................... 197

Referências bibliográficas............................. 201

O autor 205

Contato com o autor....................................207

INTRODUÇÃO

Sempre que estou na companhia de pais e professores, durante palestras, costumo realizar uma analogia entre uma locomotiva e a infância. Costumo imaginar essa locomotiva cruzando territórios desconhecidos a 200 km/h e podendo, a qualquer momento, descarrilar e cursar novos rumos, sendo muitos deles perigosos e traiçoeiros. Um desses caminhos desconhecidos é o das drogas.

O consumo de drogas é um fenômeno mundial e deve ser encarado como um grave problema de saúde pública em todo o mundo. Trata-se de um grande desafio aos pais, médicos, educadores e à sociedade de um modo geral.

Jovens sob efeito de drogas apresentam desinibição comportamental, perda do juízo crítico e de reflexos motores, fatos que colaboram para que algumas das principais causas de mortes entre adolescentes como acidentes automobilísticos, suicídio, afogamentos e mortes por arma de fogo estejam relacionadas, em quase metade dos casos, ao consumo recente de bebidas alcoólicas e outras drogas.

Os estudos epidemiológicos sobre o consumo de álcool e drogas evidenciam um crescimento assustador nas últimas décadas, sendo que os jovens têm tido suas primeiras experiências cada vez mais precocemente, em geral na passagem da infância para a adolescência.

A grande maioria das pesquisas revela que a idade da primeira experimentação de álcool e tabaco é por volta dos 12 anos, enquanto o uso de maconha e cocaína encontra-se entre os 14 e 15 anos. Outro dado assustador é a constatação de que a experimentação de drogas ilícitas por esses adolescentes, excluindo-se álcool e tabaco, é próxima dos 22%. Isso quer dizer

INTRODUÇÃO

que, na média, praticamente um em cada quatro adolescentes brasileiros já experimentou algum tipo de droga ilícita durante a vida. Outra conclusão importante sugere que existe uma grande correlação entre consumo de drogas, faltas escolares, baixo rendimento acadêmico e abandono escolar.

Mais uma questão importante que favorece o uso e abuso de drogas por crianças e adolescentes é a desinformação dos pais, a falta de capacitação de profissionais do ensino e a inexistência de programas eficientes de prevenção ao uso de drogas nas escolas.

Manual antidrogas — Guia preventivo para pais e professores é um livro prático e simples. Parte do princípio de que a escola e a família são dois dos principais ambientes formadores da personalidade, da aprendizagem de conceitos éticos e morais. Neles, regras sociais serão aprendidas e serão alicerces sobre os quais os "trilhos da locomotiva" vão ser construídos.

O objetivo deste livro é informar e auxiliar pais, professores, amigos, familiares e profissionais da saúde e educação a conhecer e identificar os principais problemas relacionados às drogas, suas características, efeitos e consequências, assim como oferecer orientação na busca por tratamento.

Boa leitura!

DR. GUSTAVO TEIXEIRA

PARTE I

NEUROCIÊNCIAS E AS DROGAS

CAPÍTULO 1

O CÉREBRO E AS DROGAS

O que são as drogas?

Para dar início à leitura deste guia, gostaria de convidá-los a entender um pouco mais sobre aspectos neurocientíficos que envolvem o problema das drogas, como definições e conceitos que serão encontrados no decorrer da leitura.

Drogas: quando falo em drogas, estou me referindo às substâncias que exercem ações no cérebro humano, capazes de provocar alterações comportamentais e químicas no nosso organismo.

Abuso de drogas: é o consumo de qualquer substância que cause consequências adversas ao organismo.

Adição: é o padrão de comportamento de abuso da droga, caracterizado pelo envolvimento irresistível com o seu consumo; a pessoa não consegue resistir ao impulso de utilizá-la repetidamente.

Tolerância: é o fenômeno em que, após repetidas utilizações da droga, o usuário necessita de doses maiores para obter as sensações prazerosas que sentia inicialmente com uma dosagem inferior. Exemplos disso são as pessoas que anos atrás necessitavam de apenas um copo de cerveja para se sentirem embriagadas e hoje precisam beber mais de uma garrafa para sentir os efeitos do álcool.

Dependência de drogas: consiste em alterações comportamentais e químicas no cérebro do usuário, que causam desejo e o levam à busca incessante pela droga.

Síndrome de abstinência: está presente nesses dependentes químicos e é caracterizada pela experimentação de sintomas e sensações de desconforto psicológico e fisiológico devido à ausência da substância no organismo.

Fissura ou *craving*: corresponde às sensações de forte desejo pela busca e o uso da droga, normalmente acompanhadas de sintomas de ansiedade presentes na síndrome de abstinência.

Como as drogas agem no cérebro?

Diversos estudos se propõem a investigar como as drogas agem no cérebro. Uma das hipóteses mais aceitas até hoje propõe que a droga ativa o chamado sistema de recompensa cerebral.

Esse sistema compreende algumas regiões do cérebro localizadas dentro do sistema límbico que são responsáveis pelas emoções, sensações de prazer e estão relacionadas também ao problema do uso de drogas. O sistema de recompensa cerebral ou circuito do prazer começa na área tegumentar ventral, localizada na região cinzenta do tronco cerebral. Impulsos elétricos são criados nessa região a partir do uso da droga de abuso e esses estímulos atingem o núcleo accumbens e posteriormente o córtex pré-frontal, região responsável pelo comportamento emocional.

Os neurônios presentes nessa via são chamados dopaminérgicos e basicamente o que ocorre é que as drogas de abuso atuam no sistema de recompensa cerebral estimulando a produção e a liberação de dopamina, substância relacionada ao prazer, aumentando assim sua quantidade no cérebro e proporcionando as sensações prazerosas da droga.

É muito importante salientar que, assim como a droga é capaz de estimular o sistema de recompensa cerebral, aumentando a liberação de dopamina e provocando sensações de prazer, há outras atividades igualmente capazes de estimular esse sistema, como praticar esportes, sair com amigos, namorar, comer fora, ir ao cinema, assistir a um bom programa de televisão, a um show de rock, ou experimentar um sorvete.

Ao contrário de quando a pessoa estimula naturalmente a liberação de dopamina, provocando um "alto natural", o uso de drogas provocará um "vício" dos receptores de dopamina no cérebro, fazendo com que este necessite de mais dopamina, tendenciando assim o jovem a buscar mais droga.

Quais são as consequências do uso de drogas na adolescência?

O uso de drogas na adolescência pode acarretar em uma série de modificações estruturais no cérebro do usuário.

Jovens que abusam de drogas apresentam, de uma maneira geral, prejuízos acentuados nos estudos e nos relacionamentos sociais. A capacidade de cognição e raciocínio lógico fica comprometida, ocorrendo lentificação do pensamento, dificuldade de concentração e de retenção de informações. Outros prejuízos cognitivos estão relacionados a alterações na capacidade de julgamento e juízo crítico, aumento da agressividade e impulsividade.

Esses adolescentes irão se afastar dos outros jovens não usuários de drogas, e, dessa maneira, os laços afetivos serão comprometidos. Atividades esportivas e recreacionais em grupo serão abolidas, laços de confiança, companheirismo, ética e respeito não serão formados, restando ao jovem a interação social com outros usuários e baseada na simples relação de consumo de drogas.

Essa relação socialmente pobre e disfuncional lentamente levará o adolescente ao padrão comportamental caracterizado por comportamentos do tipo: acordar pensando na droga, passar o dia inteiro pensando em consumi-la ou em como consegui-la, deixando de lado a família e os amigos. Uma realidade triste, mas vivenciada por milhares de jovens todos os dias.

Dessa forma, as alterações químicas e comportamentais produzidas pelo consumo de drogas resultarão invariavelmente em graves alterações da personalidade desse futuro adulto em formação.

Por que tantos adolescentes abusam das drogas?

Essa é uma pergunta que aflige pais, professores e profissionais da saúde mental em todo o mundo. Mas quais são os fatores que colaboram para que o consumo de drogas seja um fenômeno da juventude?

Dificilmente um único fator de risco levará o jovem ao transtorno por uso de álcool e drogas. Na verdade, o uso problemático das drogas está relacionado a uma série de características, de forma que, quanto mais fatores de risco o jovem apresentar maiores serão suas chances de envolvimento problemático com as drogas.

A adolescência é uma fase complicada do desenvolvimento dos jovens, mediada por uma descarga intensa de hormônios que passam a modificar completamente seus corpos. Além disso, um furacão de mudanças comportamentais e físicas ocorre em seu corpo e sua mente.

O jovem está buscando sua identidade, sua individualidade, fazendo novas experiências, questionando, duvidando e muitas vezes brigando e lutando por questões que julga importante. Nessa fase, o adolescente não aceita mais passivamente as determinações e orientações de seus pais e existe uma tendência de maior identificação com o grupo de amigos. São mais impulsivos, curiosos, mais aptos a seguir as opiniões dos colegas, e todos esses fatores podem impulsionar o jovem a buscar novas experiências, sensações e prazeres.

Logo, a adolescência é uma fase complexa do desenvolvimento físico e mental. Esse conjunto de fatores agregará o que se pode chamar de um "ambiente facilitador" para a experimentação das drogas. Ainda a facilidade com que as drogas são ofertadas no meio acadêmico, nas festas e nas próprias ruas, em bares e lanchonetes que vendem álcool e cigarros indiscriminadamente para menores de 18 anos, mesmo sendo proibido pela legislação federal, torna o controle ainda mais difícil.

Outro fator importante para o início do uso de álcool e drogas pelos adolescentes são as influências dos modismos. A juventude contemporânea e nossa própria sociedade consideram normal o consumo alcoólico durante eventos esportivos, como a Copa do Mundo, ou eventos sociais, a exemplo do carnaval, réveillon ou outras festividades, sendo praticamente uma regra a presença de álcool nesses momentos.

É importante ressaltar também a importância do papel da família do jovem nessa fase de experimentações. O lar no qual esse adolescente está inserido pode representar um fator de proteção ou de risco ao envolvimento com as drogas.

Em primeiro lugar, temos o fator genético e logicamente imutável: filhos de pais dependentes de álcool ou drogas possuem até quatro vezes mais chances de se tornarem dependentes quando comparados com filhos de pais não usuários dessas substâncias. A realidade na qual o jovem está inserido também é importante. Logo, em ambientes domésticos caóticos e doentes, onde há um convívio diário com pais alcoólatras, usuários de drogas agressivos, violentos, negligentes, hostis, desafiadores, e onde não há diálogo nem respeito mútuo, o risco de esse adolescente abusar de drogas e álcool também será maior.

Portanto, a primeira maneira de prevenir o uso e o abuso de drogas por seus filhos é mantendo uma família estável, respeitadora, ética, sempre aberta ao diálogo franco e honesto. Uma criança que vive em um ambiente doméstico sadio e seguro, no qual as normas e regras sociais são ensinadas por seus pais e conceitos éticos e morais são passados aos filhos para a formação de um jovem responsável, seguro de seus deveres e responsabilidades, que sabe lidar com a questão dos limites, possui ferramentas importantes e eficazes para evitar o envolvimento com as drogas.

Jovens com baixa autoestima, inseguros, tímidos, retraídos e que não conseguem se destacar nos estudos, nos esportes nem nos relacionamentos sociais são mais propensos ao envolvimento com as drogas. Portanto, a identificação precoce desses perfis psicológicos e comportamentais serão de grande importância para a prevenção ao seu uso.

CAPÍTULO 2

AS DROGAS E OS TRANSTORNOS COMPORTAMENTAIS NA INFÂNCIA E ADOLESCÊNCIA

Diversos estudos internacionais associam transtornos comportamentais na infância e adolescência com uso e abuso de drogas. Aproximadamente 89% dos jovens usuários de drogas apresentam outros diagnósticos psiquiátricos, tais como: transtorno de conduta, transtorno de déficit de atenção/hiperatividade (TDAH), depressão, transtorno bipolar do humor ou transtornos ansiosos. Além desses transtornos, um comportamento frequentemente associado ao uso de drogas é o *bullying*.

Logo, a identificação precoce dessas condições comportamentais e o seu tratamento correto podem representar uma intervenção essencial no primeiro passo para a prevenção do envolvimento dos nossos filhos com as drogas.

Demonstro a seguir um pequeno resumo dos principais transtornos comportamentais da infância, frequentemente associados ao uso abusivo de drogas.

Bullying

Trata-se de um termo em inglês que denomina o comportamento agressivo entre estudantes. São atos de agressão física, verbal ou moral que ocorrem de modo repetitivo, sem motivação evidente e executados por um ou vários estudantes contra outro, em uma relação desigual de poder, normalmente dentro da escola, ocorrendo principalmente na sala de aula e no recreio escolar.

O bullying está relacionado a comportamentos agressivos e hostis de alunos que se julgam superiores aos outros colegas, acreditam na impunidade de seus atos dentro da escola e muitas vezes pertencem a famílias desestruturadas, convivendo com pais opressores, agressivos e violentos.

Os alvos de bullying normalmente são jovens tímidos, quietos, inseguros, pouco habilidosos socialmente, que possuem poucas amizades e são facilmente intimidados, sendo incapazes de reagir aos atos de agressividade. Com frequência, são fisicamente mais fracos e menores que os agressores, mais jovens, e desta forma apresentam dificuldade em se defender das agressões.

Bullying na escola

❏ Apelidar;

❏ Ameaçar;

❏ Agredir;

❏ Hostilizar;

❏ Ofender;

❏ Humilhar;

❏ Discriminar;

❏ Excluir;

❏ Isolar;

❏ Intimidar;

❏ Perseguir;

❏ Assediar;

❏ Furtar;

❏ Quebrar objetos pessoais.

Transtorno desafiador opositivo

O transtorno desafiador opositivo pode ser definido como um padrão persistente de comportamentos negativistas, hostis, desafiadores e desobedientes observados nas interações sociais da criança com adultos e figuras de autoridade de uma forma geral, como pais, tios, avós e professores.

As principais características do transtorno desafiador opositivo são: perda frequente da paciência, discussões com adultos, desafio, recusa a obedecer a solicitações ou regras, perturbação e implicância com as pessoas, que podem ser responsabilizadas por seus erros ou mau comportamento. O jovem com esse transtorno se aborrece com facilidade e comumente se apresenta enraivecido, irritado, ressentido, mostrando-se rancoroso e com ideias de vingança.

Transtorno desafiador opositivo na escola

- ❏ Discute com professores e colegas;
- ❏ Recusa-se a trabalhar em grupo;
- ❏ Não aceita ordens;
- ❏ Não realiza deveres escolares;

- ❏ Não aceita críticas;
- ❏ Desafia a autoridade de professores e coordenadores;
- ❏ Quer tudo ao seu modo;
- ❏ É o "pavio curto" ou o "esquentado" da turma;
- ❏ Perturba outros alunos;
- ❏ Responsabiliza os outros por seu comportamento hostil.

Transtorno de conduta

O transtorno de conduta é um conjunto de alterações comportamentais apresentado por algumas crianças e adolescentes segundo o qual há conduta agressiva, desafiadora, antissocial, em que os direitos básicos alheios, regras e normas sociais são violados. Trata-se de uma condição mais grave quando comparada ao transtorno desafiador opositivo, sendo responsável por frequente encaminhamento aos serviços de psiquiatria infantojuvenil.

A violação de regras é o componente marcante desse transtorno. Jovens com transtorno de conduta apresentam comportamento antissocial com episódios de agressão física e ações cruéis com outras pessoas e animais. Não demonstram sentimento de culpa ou remorso pelos seus atos, são negativistas, desafiadores, hostis e podem realizar atos de vandalismo, furtos e destruição de patrimônio alheio. Furtos frequentes de brinquedos em lojas de departamentos ou de objetos pessoais de colegas em sala de aula, além de violência e intimidações contra outros estudantes, podem ser observados em quadros iniciais do transtorno de conduta.

Com frequência, os jovens acometidos por esse transtorno apresentam dificuldades em interações sociais e possuem poucos amigos, além de sintomas de baixa autoestima, baixa tolerância à frustração, irritabilidade e explosões de raiva normalmente estão presentes. Todos esses fatores culminam em comportamentos delinquenciais, provocações de brigas corporais em ambiente escolar ou na rua, inclusive com a utilização de armas como faca, bastão ou arma de fogo. Abandono e reprovação escolar, fugas de casa, mentiras, consumo de álcool e outras drogas, comportamento sexual de risco e ausência de arrependimento por seus atos também são comuns.

Transtorno de conduta na escola

- ❏ Mentiras;
- ❏ Brigas corporais;
- ❏ Faltas escolares;
- ❏ Destruição de carteiras;
- ❏ Furto de material escolar;
- ❏ Agressividade e ameaças contra professores e alunos;
- ❏ Hostilidade com colegas de turma;
- ❏ Consumo de álcool e outras drogas;
- ❏ Desempenho escolar fraco;
- ❏ Isolamento social;
- ❏ Autoria de bullying.

Transtorno de déficit de atenção/ hiperatividade (TDAH)

Comportamentos característicos de crianças e adolescentes com transtorno de déficit de atenção/hiperatividade incluem dificuldade em focar a atenção em um único objeto. Esses jovens são facilmente distraídos, parecendo não escutar quando alguém lhes dirige a palavra, e agem como se estivessem no "mundo da lua". Podem não terminar seus deveres de casa, apresentando grande dificuldade em se organizar, e frequentemente perdendo seus materiais escolares, chaves, dinheiro ou brinquedos.

A criança pode se apresentar inquieta, sem conseguir permanecer sentada, abandonando sua cadeira em sala de aula ou durante o almoço de família. Está sempre a mil por hora ou como se estivesse "ligada em uma tomada de 220v", fala em demasia e dificilmente brinca em silêncio, sempre aos gritos. Os pacientes com esse diagnóstico apresentam prejuízos no desempenho acadêmico e social, pois têm dificuldade em se organizar, manter a atenção em sala de aula e para realizar deveres escolares ou permanecer sentados ou quietos.

Adolescentes com o diagnóstico de TDAH podem experimentar drogas mais precocemente, usam-nas em maior quantidade, tornam-se mais dependentes e demoram mais tempo para buscar tratamento. Esses fatos estariam relacionados a uma tendência maior de automedicação realizada na busca por alívio dos sintomas de inquietação motora, hiperatividade e agitação que o TDAH promove. Há também uma menor percepção do abuso, maior dificuldade de cessação do uso e menor senso crítico na escolha do grupo por esses jovens.

Sintomas de desatenção

❏ Deixa de prestar atenção a detalhes ou comete erros por descuido em atividades escolares, de trabalho ou outras;

❏ Tem dificuldade para manter a atenção em tarefas ou atividades lúdicas;

❏ Parece não escutar quando lhe dirigem a palavra;

❏ Não segue instruções e não termina seus deveres escolares;

❏ Tem dificuldade para organizar tarefas e atividades;

❏ Evita ou até mesmo recusa se envolver em atividades que exijam esforço mental constante;

❏ Perde coisas necessárias para tarefas ou atividades;

❏ É facilmente distraído por estímulos alheios à tarefa;

❏ Apresenta esquecimento em atividades diárias.

Sintomas de hiperatividade/impulsividade

❑ Agita as mãos ou os pés ou se remexe na cadeira;

❑ Abandona sua carteira durante a aula;

❑ Corre ou escala em demasia, em situações nas quais isso é inapropriado;

❑ Tem dificuldade para brincar ou se envolver silenciosamente em atividades de lazer;

❑ Age como se estivesse "a todo vapor";

❑ Fala em demasia;

❑ Dá respostas precipitadas antes de as perguntas terem sido completadas;

❑ Tem dificuldade para aguardar a vez;

❑ Interrompe ou se mete em assuntos dos outros.

Depressão infantil

Crianças e adolescentes com depressão frequentemente apresentam tristeza, falta de motivação, solidão e humor deprimido, contudo, é comumente observado um humor irritável ou instável. Esses jovens podem apresentar mudanças súbitas de comportamento com explosões descontroladas de raiva, mostrando-se irritados, e envolver-se em brigas corporais no ambiente escolar ou durante a prática desportiva.

A criança pode apresentar dificuldade em se divertir, queixando-se de estar entediada ou "sem nada para fazer", e pode rejeitar o envolvimento com outras crianças, dando preferência por ativi-dades solitárias. Dentro da sala de aula ou no recreio, a mudança comportamental de uma criança anteriormente bem-socializada e entrosada com o grupo que passa a se isolar pode ser sinal de alerta a professores. A queda do desempenho acadêmico quase sempre acompanha o transtorno, pois crianças e adolescentes com depressão não conseguem se concentrar em sala de aula. Há perda do interesse pelas atividades, falta de motivação e pensamento lentificado, e o resultado disso tudo é observado no boletim escolar.

Queixas físicas como cansaço, falta de energia, dores de cabeça ou dores de barriga são comuns. Insônia, preocupações, sentimentos de culpa, baixa autoestima, choro excessivo, hipoatividade, fala em ritmo lento e de forma monótona e monossilábica também ocorrem em grande número de casos.

Pensamentos recorrentes de morte, ideias e planejamento de suicídio podem estar presentes em todas as idades e os atos suicidas tendem a ocorrer com maior frequência entre esses adolescentes. Comportamentos de risco durante a adolescência são comuns, entretanto, podem se acentuar durante episódios depressivos, como a prática sexual promíscua sem proteção e o abuso de álcool e outras drogas.

Depressão na escola

❏ Queda do rendimento escolar;

❏ Irritabilidade;

❏ Impulsividade;

❏ Brigas;

❏ Isolamento em sala de aula e no recreio;

❏ Tristeza;

❏ Falta de motivação;

❏ Choro fácil;

❏ Fala em ritmo lento, monótona;

❏ Queixas físicas (dores de cabeça, dores musculares);

❏ Pensamentos recorrentes de morte.

Transtorno bipolar do humor

O transtorno bipolar do humor na infância e na adolescência é uma condição grave que afeta consideravelmente a vida de crianças e adolescentes acometidos. Apresenta como característica principal, a fase maníaca do transtorno com alteração ou oscilação do humor, na qual o jovem pode se apresentar exaltado ou irritável, e essa mudança súbita de humor comumente produz ataques prolongados de raiva ou agressividade, chamados de tempestades comportamentais.

Também podem ocorrer oscilações com fases ou períodos de depressão, durante as quais a criança apresentará os sintomas clássicos da depressão infantil. As tempestades comportamentais, também chamadas de irritabilidade explosiva, estão associadas com irritabilidade, ataques de fúria, impulsividade, dificuldade nos relacionamentos, brigas com colegas e familiares. Esse temperamento agressivo provoca piora dos sintomas opositivos e desafiadores, que com frequência estão presentes em crianças e adolescentes.

Na escola, é observada queda do desempenho acadêmico, acompanhada de grande dificuldade de concentração, hiperatividade, agressividade, labilidade afetiva, autoestima aumentada, hipersexualidade, presença de piadas e diálogos de caráter sexual ou desejos de realização do ato, ocorrendo com grande inadequação na maneira de agir e pensar. Alguns pacientes relatam que não conseguem fazer nada devido a pensamentos que não param de "correr em suas mentes". Há conflito de ideias, insônia, envolvimento excessivo em atividades prazerosas que apresentam potencial elevado de consequências negativas, afeto inapropriado, excitabilidade, fala acelerada e agitação psicomotora.

Transtorno bipolar na escola

❑ Mudanças súbitas de humor;

❑ Autoestima aumentada;

❑ Hipersexualidade;

❑ Grandiosidade;

❑ Pensamento e fala acelerados;

❑ Distração;

❑ Agitação e inquietação;

❑ Irritabilidade;

❑ Instabilidade emocional;

❑ Agressividade e acessos de raiva.

Fobia social

A fobia social ou timidez patológica é uma condição comportamental em que o indivíduo apresenta medo, ansiedade e grande timidez ao se expor em situações sociais.

Na escola, crianças e adolescentes com o quadro de fobia social apresentam comportamento evitativo, dificilmente pedem ajuda aos professores quando apresentam dúvidas em sala de aula, negam-se a apresentar trabalhos na frente da sala, não participam de trabalhos em grupo ou atividades esportivas e evitam comparecer a festas de aniversário. Essas crianças comumente evitam conversar com outros jovens, principalmente do sexo oposto.

A criança apresenta medo de ser avaliada, julgada ou ridicularizada por outras pessoas, de se tornar o centro das atenções e de acabar sendo considerada estranha, esquisita, pouco atrativa ou estúpida, por exemplo. Há o medo de que em algum momento possa agir ou dizer algo embaraçoso, logo, ela evita falar em público, dialogar com figuras de autoridade, como professores, coordenadores e funcionários ou com pessoas estranhas.

Além desses sintomas, crianças e adolescentes com fobia social apresentam manifestações somáticas quando expostas às situações sociais, como rubor facial, sudorese, tremor, coração acelerado e nervosismo.

Adolescentes com fobia social apresentam grande dificuldade de se "enturmar" ou de formar vínculos de amizade, principalmente com pessoas do sexo oposto. Jovens com quadros de fobia social podem iniciar o uso abusivo de bebidas alcoólicas, pois percebem que quando bebem se tornam menos ansiosos e inseguros. Esse uso de álcool pode tornar-se frequente, como se fosse uma tentativa de "automedicação" contra os sintomas do transtorno, e isso pode se transformar em uma armadilha sem volta, podendo o adolescente desenvolver um quadro de alcoolismo.

Fobia social na escola

- ❏ Medo, ansiedade e grande timidez ao se expor em situações sociais;
- ❏ Não pede ajuda aos professores quando apresenta dúvidas em sala de aula;
- ❏ Nega-se a apresentar trabalhos na frente da sala;

AS DROGAS E OS TRANSTORNOS COMPORTAMENTAIS...

- ❏ Não participa de trabalhos em grupo ou atividades esportivas;
- ❏ Evita comparecer a festas de aniversário;
- ❏ Evita conversar com outros jovens;
- ❏ Poucos amigos;
- ❏ Medo de ser ridicularizado por outras pessoas;
- ❏ Evita falar em público.

PARTE II

DROGAS DE ABUSO

CAPÍTULO 3

ÁLCOOL

Madrugada de sábado para domingo, quatro horas da manhã, a mãe de um adolescente de 18 anos que havia saído acompanhado de três amigos para uma casa de festas recebe um telefonema. Do outro lado da linha telefônica um policial militar solicita o comparecimento da mãe à avenida central da cidade. Um grave acidente automobilístico envolvendo o carro de seu filho ocorreu e evidências apontam que o consumo excessivo de bebidas alcoólicas teria causado a colisão frontal contra um automóvel estacionado na calçada.

A mãe comparece à avenida e encontra uma cena lastimável. Seu filho, um jovem estudante de Direito, está gravemente ferido, recebendo atendimento inicial pelos socorristas do Corpo de Bombeiros e sendo encaminhado ao hospital da cidade. Os outros três jovens, colegas de infância, faleceram no local do acidente.

Exemplos como esse são corriqueiros pelas madrugadas de grandes e pequenas cidades de todo o Brasil. Diversos estudos apontam que o uso abusivo de álcool está relacionado a um número assustador de acidentes automobilísticos entre adolescentes, e cerca de 75% das mortes de jovens em acidentes de carro estão ligadas ao uso de álcool.

Segundo estudos americanos, aproximadamente 40% dos afogamentos e até 50% dos estupros de estudantes universitárias estão também relacionados ao uso abusivo de álcool.

História

O álcool tem sido utilizado pela humanidade há milhares de anos. No Antigo Egito e na Babilônia, há cerca de seis mil anos, já se consumiam bebidas fermentadas com baixo teor alcoólico sob a forma de vinhos e cerveja. Textos arqueológicos encontrados no Egito descrevem consumos pesados de álcool e a existência de alcoólatras entre a população, formada principalmente por camponeses e escravos. Na Grécia Antiga, o hidromel, bebida obtida da fermentação do mel diluído em água, e o vinho eram muito populares e utilizados em festividades, rituais religiosos e medicinais. A rica mitologia grega contava com o deus da embriaguez, Dionísio, que após o domínio romano e as misturas culturais e étnicas passou a ser denominado Baco.

Na Idade Média, o método de destilação foi introduzido na Europa pelos árabes e as bebidas passaram a conter uma quantidade maior de álcool. Essas bebidas rapidamente se popularizaram e podiam ser encontradas em qualquer lugar, sendo inclusive indicadas para tratamento de doenças. A própria palavra "whisky", derivada do gaélico, significa "água da vida".

Após 1725, o consumo alcoólico passou a chamar a atenção das autoridades e os efeitos e consequências do uso abusivo do álcool já eram estudados e encarados como um grave problema de saúde pública. Dessa maneira, uma série de leis restritivas passou a vigorar em países da Europa e nos Estados Unidos, sendo posteriormente introduzidas em outros países.

O álcool é uma substância química obtida a partir da fermentação ou destilação da glicose contida em frutas, cereais e raízes. Presente em praticamente todas as culturas, trata-se da droga mais consumida no mundo e a que mais causa danos à saúde, podendo levar à dependência e à morte.

Os estudos brasileiros e internacionais apontam a substância como uma droga amplamente utilizada por estudantes do ensino fundamental e médio, também sendo, portanto, um problema da instituição educacional que merece grande atenção parental e por parte de professores e coordenadores escolares.

O álcool é rapidamente absorvido após a ingestão e atua no cérebro provocando uma ação redutora de ansiedade e promovendo uma sensação de euforia e bem-estar. Entretanto, com o aumento da quantidade da substância ingerida ocorre uma depressão do sistema nervoso central, causando sedação, sonolência, relaxamento muscular, descoordenação motora, diminuição do juízo crítico, da atenção, da concentração e da memória.

O uso abusivo de álcool apresenta inúmeras consequências, afetando direta ou indiretamente diversos órgãos e regiões do organismo. Seu uso continuado, durante alguns anos, pode comprometer o sistema nervoso central, gastrointestinal, cardiovascular, muscular, imunológico, as funções nutricionais e até provocar diversos tipos de câncer.

As alterações gastrointestinais mais comuns são gastrite, esofagite, úlcera gástrica, pancreatite, hepatite e cirrose hepática. O coração é outro órgão afetado pelo álcool, com risco de hipertensão arterial, arritmias cardíacas, cardiomiopatias e lesão do músculo cardíaco, com possível falência do órgão.

Lesões nos nervos periféricos causadas pelo álcool provocam a chamada neuropatia periférica. Os músculos podem tornar-se fracos, doloridos e com pouca mobilidade, principalmente nas pernas. Lesões no cérebro podem ocorrer sob a forma de diversas síndromes, como a síndrome de Wernicke-Korsakoff, caracterizada por alterações dos movimentos e da memória e quadro demencial.

Distúrbios da coagulação, alteração da contagem de células sanguíneas e o surgimento de infecções devido à supressão do sistema imunológico também ocorrem com frequência. Anemia por deficiência de tiamina ou vitamina B1, deficiência de niacina e deficiência de vitamina C podem causar doenças como beribéri, pelagra e escorbuto, respectivamente.

A síndrome alcoólica fetal é outro aspecto importante de ser descrito, pois representa uma síndrome caracterizada por alterações e defeitos congênitos no bebê em formação característicos de mães alcoólatras que fazem consumo de álcool durante a gestação.

Para finalizar essa lista quase interminável de problemas de saúde relacionados à utilização do álcool, temos diversos tipos de câncer, como os de boca, esôfago, estômago, pâncreas, cólon, reto, próstata e tireoide. Logo, para aqueles jovens que nunca se cansam de dizer que bebida não faz mal à saúde, segue a lista.

Efeitos do álcool

❏ Sensação de relaxamento e conforto;

❏ Torna-se falante, "feliz", desinibido socialmente;

❏ Diminuição do juízo crítico;

❏ Diminuição da coordenação motora;

❏ Diminuição da habilidade de tomar decisões;

❏ Diminuição do tempo de reação a estímulos;

❏ Diminuição da atenção, concentração e memória;

ÁLCOOL

- Confusão mental;
- Perda do equilíbrio;
- Perda da consciência;
- Alteração da respiração;
- Gastrite;
- Esofagite;
- Úlcera gástrica;
- Pancreatite;
- Hepatite;
- Cirrose hepática;
- Hipertensão arterial;
- Arritmias cardíacas;
- Cardiomiopatias;
- Neuropatia periférica;
- Síndrome de Wernicke-Korsakoff;
- Demência alcoólica;
- Encefalopatia hepática;
- Distúrbios da coagulação;
- Alteração da contagem de células sanguíneas;
- Infecções;
- Anemia por deficiência de vitaminas;
- Beribéri;
- Pelagra;
- Escorbuto;
- Câncer de boca;

- ❏ Câncer de esôfago;
- ❏ Câncer de estômago;
- ❏ Câncer de pâncreas;
- ❏ Câncer de cólon;
- ❏ Câncer de reto;
- ❏ Câncer de próstata;
- ❏ Câncer de tireoide;
- ❏ Câncer de bexiga.

A síndrome de abstinência não costuma acometer adolescentes, uma vez que está presente quando já existe o quadro de dependência química, após muitos anos de uso alcoólico pesado. O quadro inicia-se dias após a interrupção do consumo da substância, sendo caracterizado por tremores de mãos e lábios, irritabilidade, ansiedade, náusea, vômito e sudorese. Em alguns casos o dependente pode apresentar convulsões e episódios de desorientação, alucinações e confusão mental.

CAPÍTULO 4

NICOTINA

—**F**oi só uma vez, tio!

Foi dessa maneira que João, de 10 anos, se dirigiu a mim, durante a consulta médica acompanhado da mãe, após ser flagrado pelo inspetor de alunos fumando um cigarro no pátio da escola.

Adolescentes fumando escondido durante o recreio escolar ou no condomínio onde vivem apresentam, muitas vezes, o comportamento inicial de um grave problema de saúde que poderá afetar consideravelmente as suas vidas. Influenciados por modismos e por amigos fumantes, milhares de adolescentes caem nas garras de uma das indús-

MANUAL ANTIDROGAS

trias mais poderosas que existem, a indústria do tabaco. Assim, tornam-se vítimas de uma substância química altamente viciante: a nicotina, um produto estimulante encontrado nas folhas da planta *Nicotiana tabacum*, o tabaco.

O consumo de cigarros de tabaco é considerado a principal causa de morte evitável no mundo, comprometendo a vida de aproximadamente 5 milhões de fumantes ao ano em todo o planeta, sendo cerca de 200 mil mortes ao ano apenas no Brasil. Outra forma de utilização do produto é através do tabaco mascado, e as consequências à saúde do usuário estão relacionadas à ação local das substâncias cancerígenas presentes no produto, provocando câncer de boca, além da ação viciante da nicotina.

Segundo estudos realizados no Brasil, cerca de 45% dos alunos do ensino fundamental e médio relataram que já experimentaram o cigarro, sendo que aproximadamente 20% do total de alunos afirmam ser fumantes regulares. A grande maioria desses jovens declara o desejo de interromper o consumo; entretanto, de cada quatro jovens que tentam parar de fumar, apenas um tem êxito. Esses jovens subestimam o poder viciante da nicotina, ou seja, a sua capacidade de provocar dependência, e apresentam três vezes mais chances de fumarem cigarro caso possuam membros da família fumantes, sendo irmãos e irmãs mais velhos as principais influências. Até 90% dos fumantes afirmam que iniciaram o vício antes dos 19 anos.

Adolescentes fumantes apresentam duas vezes mais chances de abusarem de álcool quando comparados a jovens não fumantes. Apresentam também dez vezes mais chances de usarem maconha, nove vezes mais chances de usarem drogas estimulantes e 14 vezes mais chances de usarem cocaína, alucinógenos e opioides. Por essa razão, diversos especialistas consideram o fumo do tabaco uma "porta de entrada" para outras drogas.

História

As evidências de uso de tabaco remontam à antiga civilização indígena maia, na América Central, onde foram encontradas figuras fossilizadas datadas de 600 a 900 a.C. Em 1492, a tripulação de Cristóvão Colombo foi saudada por índios que lhe ofereceram folhas secas de tabaco como um gesto amigável. A tripulação espanhola também observou que os nativos da América inalavam a fumaça produzida com a queima do tabaco como parte de seu ritual religioso e levou amostras da planta à corte espanhola.

Em 1559, Jean Nicot, embaixador da França em Portugal, estudou e descreveu propriedades medicinais da planta de forma que a substância foi batizada como nicotina em sua homenagem após ter indicado a inalação da queima das folhas da planta para o tratamento dos quadros de enxaqueca que atormentavam a rainha francesa Catarina de Médici.

O consumo do tabaco se tornou popular na Europa entre os séculos XVI e XVII, mas foram os egípcios que desenvolveram o cigarro moderno, formado pela embalagem cilíndrica do tabaco em folhas de papel, a partir de 1832. Após a Guerra da Crimeia, em 1856, soldados britânicos e franceses levaram o cigarro à Europa, rapidamente se espalhando por todo o mundo.

Cerca de 25 anos mais tarde, em 1881, foi criada nos Estados Unidos a primeira máquina para produção em massa de cigarros, e a indústria do tabaco não parou de crescer desde então. Atualmente, estima-se que um terço da população mundial seja fumante, sendo que nos últimos anos tem ocorrido um aumento significativo do uso do tabaco entre as mulheres. Hoje, podemos dizer que mais adolescentes do sexo feminino têm sucumbido ao cigarro quando comparadas aos meninos. Vale a pena lembrar que a mulher fumante tem um risco maior de infertilidade, câncer de colo do útero, menopausa precoce e dismenorreia (sangramento irregular).

Do que é feito o cigarro?

Existem aproximadamente 4.700 substâncias tóxicas na fumaça inalada do cigarro, como monóxido de carbono, amônia, cetonas, formaldeído, acetaldeído e acroleína, além de muitas outras substâncias relacionadas ao surgimento de diversas doenças, como o câncer.

O **alcatrão** é outro composto contido no cigarro, que possui mais de quarenta substâncias comprovadamente cancerígenas, formadas a partir da combustão dos derivados do tabaco, como arsênio, níquel, benzopireno, cádmio, resíduos de agrotóxicos, substâncias radioativas, como o Polônio 210, acetona, naftalina e o fósforo P4/P6, substância usada na fabricação de veneno de rato.

A **nicotina** é considerada uma droga psicoativa que causa dependência e é capaz de aumentar a liberação de substâncias chamadas catecolaminas, que causam constrição dos vasos sanguíneos, acelerando a frequência cardíaca e causando hipertensão arterial. A nicotina, juntamente com o monóxido de carbono, provoca diversas doenças cardiovasculares e estimula a produção de ácido clorídrico no aparelho gastrointestinal, que pode causar úlcera gástrica. Também desencadeia a liberação de substâncias quimiotáxicas no pulmão, que estimularão um processo que irá destruir a elastina, provocando o enfisema pulmonar.

Os efeitos iniciais da nicotina no organismo estão relacionados ao aumento do estado de vigília, à diminuição do apetite, à elevação discreta do humor e às sensações de relaxamento, sintomas que tendem a diminuir com o uso continuado.

A fumaça produzida com a queima das folhas de tabaco expõe o fumante a milhares de substâncias tóxicas. Inicialmente, o monóxido de carbono produzido se combina à hemoglobina do sangue, competindo com o oxigênio, e o sangue deixa de transportar oxigênio corretamente aos tecidos do organismo.

O fumante pode apresentar hipertensão arterial, aumento dos batimentos cardíacos, dilatação dos vasos sanguíneos, diminuição das contrações estomacais, redução da secreção do hormônio do crescimento e diminuição do tônus muscular.

As principais consequências do consumo de cigarro estão relacionadas às milhares de substâncias tóxicas e cancerígenas descarregadas por todo o organismo do fumante, podendo produzir o aparecimento de vários tipos de cânceres, como os de boca, garganta, esôfago, pâncreas, bexiga, rim e pulmão.

A nicotina, substância responsável pela dependência química do organismo, provoca também o aumento do colesterol, aumentando o risco de doenças cardíacas e circulatórias, como infarto agudo do miocárdio, acidente vascular encefálico (derrame cerebral), doença arterial coronariana e angina.

Doenças pulmonares como enfisema pulmonar, bronquite aguda e crônica, tosse crônica, irritação vocal e rouquidão também ocorrem com frequência.

Incrivelmente alta é a incidência de adolescentes grávidas que mantêm o vício do cigarro durante a gestação. São também inúmeras as consequências para a saúde do bebê em formação, como defeitos congênitos e redução de peso ao nascimento; alguns estudos demonstram ainda um aumento na ocorrência de transtorno de déficit de atenção/hiperatividade. Pode ocorrer aumento das taxas de aborto espontâneo, parto prematuro, mortalidade infantil e morte súbita.

Efeitos do cigarro

❏ Estimulação do sistema nervoso central;

❏ Hipertensão arterial;

❏ Aumento dos batimentos cardíacos;

MANUAL ANTIDROGAS

- ❏ Dilatação dos vasos sanguíneos;
- ❏ Diminuição das contrações estomacais;
- ❏ Redução da secreção do hormônio do crescimento;
- ❏ Diminuição do tônus muscular;
- ❏ Câncer de boca;
- ❏ Câncer de garganta;
- ❏ Câncer de esôfago;
- ❏ Câncer de pâncreas;
- ❏ Câncer de bexiga;
- ❏ Câncer de rim;
- ❏ Câncer de pulmão;
- ❏ Aumento do colesterol;
- ❏ Arritmias cardíacas;
- ❏ Aneurisma aórtico;
- ❏ Infarto agudo do miocárdio;
- ❏ Acidente vascular encefálico (derrame cerebral);
- ❏ Doença arterial coronariana;
- ❏ Angina;
- ❏ Enfisema pulmonar;
- ❏ Bronquite aguda e crônica;
- ❏ Tosse crônica;
- ❏ Irritação vocal e rouquidão;
- ❏ Infertilidade;

NICOTINA

- ❏ Impotência sexual;
- ❏ Diminuição das taxas de crescimento em adolescentes;
- ❏ Trombose venosa profunda em usuárias de contraceptivos orais;
- ❏ Alteração do metabolismo de certos medicamentos;
- ❏ Úlcera péptica;
- ❏ Alteração da percepção do olfato e gustação.

A síndrome de abstinência ocorre no dependente do cigarro porque o organismo da pessoa está adaptado e modificado para receber diariamente quantidades altas de nicotina. Milhões de receptores cerebrais para a substância estão ativados no cérebro do fumante e ávidos pela nicotina, como se ele não fosse mais capaz de viver sem a substância. Os principais sintomas de abstinência observados são irritabilidade, nervosismo, ansiedade, cansaço, sonolência diurna, insônia noturna, dificuldade de concentração, constipação, diarreia, aumento do apetite, ganho de peso e o desejo pela nicotina.

CAPÍTULO 5

MACONHA

Certa vez realizei um atendimento médico domiciliar de um adolescente de 14 anos e me surpreendi com o que encontrei. O jovem se apresentava confuso, dizia que estava sendo vítima de uma conspiração de policiais do FBI e hackers internacionais interessados em matá-lo para roubar seus supostos arquivos secretos. Após investigação médica, descobri que o adolescente havia sido apresentado à maconha por um primo mais velho há dois meses no condomínio da Barra da Tijuca onde morava. O jovem foi devidamente medicado e iniciou tratamento. Mas o que realmente me surpreendeu foi a maneira rápida com que melhorou da sintomatologia apresentada. Apenas alguns meses após o início do tratamento, pude concluir que se tratava de um transtorno psicótico induzido por maconha, ou psicose canábica. A "inofensiva" maconha, como defendida por alguns usuários, havia desencadeado os sintomas no adolescente.

Também chamada de baseado, erva, *beck* e *marijuana*, a maconha é atualmente uma das drogas mais consumidas entre os jovens, e merece toda a atenção de pais e educadores. Trata-se de uma planta cujo nome científico é *Cannabis sativa*, um arbusto conhecido como cânhamo e que apresenta mais de sessenta substâncias denominadas canabinoides, sendo o Delta-9-tetrahidrocanabinol aquela com maior efeito psicoativo. Outras formas da substância podem ser encontradas no chamado *skank*, maconha modificada geneticamente e que apresenta altas quantidades de Delta-9-tetrahidrocanabinol, sendo portanto mais potente que a maconha comum, assim como o haxixe, uma resina retirada dos caules, folhas e flores da planta *Cannabis sativa*. Seu preparo consiste na coleta dos brotos oleosos, com posterior maceração dos mesmos até formarem bolas ou tabletes endurecidos de aspecto verde-escuro. Os tabletes são misturados à maconha e fumados na forma de cigarros.

História

A utilização da maconha data de mais de dois mil anos. Dados históricos evidenciam que em 2700 a.C. a substância já era utilizada na China e Índia, devido a seus efeitos farmacológicos. Na Alemanha, urnas contendo maconha datada de 500 a.C. também já foram encontradas.

As velas náuticas utilizadas durante as grandes navegações do século XV, como nas caravelas de Pedro Álvares Cabral, utilizavam fibras vegetais provenientes do cânhamo, o arbusto da maconha. Em 1545, os espanhóis introduziram a planta para cultivo na América do Sul, sendo que, por volta de 1615, a planta já era amplamente cultivada nos Estados Unidos para a produção de fibras utilizadas na confecção de roupas.

O uso medicinal da planta no mundo ocidental começou no século XIX, quando se acreditava erroneamente que quadros de asma, dores, crises convulsivas e reumatismo pudessem ser tratados com ela.

Na década de 1930, a substância foi oficialmente proibida nos Estados Unidos através do *Marijuana Tax Act*, após a constatação de seus efeitos danosos no organismo humano, mas teve seu uso aumentado entre jovens durante as décadas de 1960 e 1970 nas escolas e universidades, sendo hoje a droga ilícita mais consumida em todo o planeta.

No Brasil os estudos mais recentes revelam que o uso de maconha entre estudantes do ensino médio tem aumentado assustadoramente. De maneira geral, grande parcela dos jovens será exposta à maconha, seja na escola, no condomínio ou nas festas com os amigos da vizinhança. Essa importante droga de abuso está associada a consequências físicas e psicológicas relevantes e é considerada por muitos centros de pesquisa uma "porta de entrada" para outras drogas.

Receptores canabinoides existentes no cérebro são responsáveis pelas ações das substâncias psicoativas da maconha e um suposto neurotransmissor específico para os receptores canabinoides chamado anandamida parece exercer uma ação no organismo também. Entretanto, a maneira exata como a maconha age no organismo ainda não foi completamente esclarecida. Sabemos que existe uma grande quantidade de receptores da substância no cérebro, principalmente no córtex cerebral, no hipocampo, no cerebelo e nos gânglios basais. As substâncias psicoativas da maconha consumida pelo usuário se ligam aos receptores localizados nas diferentes regiões do cérebro, e essa ligação estimula neurônios dopaminérgicos do sistema límbico, o que provoca uma maior liberação de dopamina no cérebro, fato responsável pela sensação de euforia e prazer relacionados com o uso da droga.

Os efeitos no usuário de maconha ocorrem minutos após o uso e são caracterizados por cansaço, sonolência, letargia, risos imotivados, diminuição da atenção, relaxamento, sensações de bem-estar, aumento da percepção de sons, cores e paladar. Déficit cognitivo, perda da memória de curto prazo e déficit motores (prejuízos para dirigir um carro, por exemplo) ocorrem com frequência.

Uma das razões para esses prejuízos cognitivos está relacionada ao hipocampo, região do cérebro envolvida com a memória e rica em receptores canabinoides. Quando a maconha se liga aos seus receptores no hipocampo, há um prejuízo da memória, novas informações podem não ser armazenadas e informações antigas contidas no cérebro podem ser perdidas.

O conjunto de sintomas físicos característico pode ser facilmente identificado por pais, familiares e professores atentos, como: hiperemia das conjuntivas (olhos avermelhados), tosse, aumento do apetite, boca seca, aumento dos batimentos cardíacos, descoordenação motora, retardo e lentificação dos movimentos corporais e piora generalizada do desempenho em atividades intelectuais e motoras.

A maconha é capaz de causar efeitos no sistema nervoso central e em áreas periféricas do organismo. Algumas pessoas podem apresentar a chamada *bad trip*, ou viagem ruim, caracterizada por sensações desagradáveis de medo, pânico, desconforto, náuseas, tonturas, ansiedade, angústia, prejuízos de memória recente e de atenção.

Devido a sua soludibilidade em gorduras, seus efeitos podem durar até 24 horas, pois ocorre liberação lenta da substância que se encontra nos tecidos gordurosos do organismo.

As principais consequências da utilização da maconha na saúde dos jovens estão relacionadas a danos à memória e prejuízos causados pela síndrome amotivacional, além de comprometimentos na imunidade e doenças respiratórias.

A síndrome amotivacional, frequentemente associada ao consumo de maconha, consiste na perda de energia, cansaço, apatia, falta de motivação, desinteresse, inabilidade de realizar planos para o futuro, falta de ambição, diminuição na assertividade, queda no rendimento escolar e no trabalho. Dessa forma, surge uma dificuldade progressiva para realizar qualquer coisa que não seja fumar maconha. O usuário pode abandonar os estudos, o trabalho, não realizar seus afazeres domésticos, sentindo-se sempre cansado e desinteressado por tudo, podendo haver procrastinação, retraimento social e embotamento afetivo.

A psicose canábica é uma manifestação de sintomas psicóticos devido a agressões diretas da droga ao cérebro humano. Há a presença de delírios, alucinações, desagregação de pensamento e alterações comportamentais. Naqueles usuários em que existe uma predisposição genética para a esquizofrenia, o uso da maconha pode funcionar como um "gatilho" para o desencadeamento desses surtos psicóticos. Em muitos casos, nos indivíduos predispostos geneticamente, esses surtos psicóticos induzidos pela maconha podem resultar no surgimento do transtorno esquizofrênico, uma condição grave, crônica e sem cura, sendo caracterizada principalmente pela presença dessas distorções perceptivas e do pensamento.

A longo prazo, o uso continuado da droga pode ter efeitos devastadores. A exposição dos pulmões à fumaça da maconha pode causar câncer de pulmão, bronquite e irritação das vias aéreas. Pode haver uma diminuição em 60% da produção do hormônio testosterona e também ocorrer oligospermia (redução da produção de espermatozoides), podendo até ocorrer esterilidade masculina. Pode haver redução da capacidade de aprender e de memorizar, baixa autoestima, esquecimento de fatos recentes, problemas de relacionamento familiar e conjugal.

Efeitos da maconha

❏ Boca seca;

❏ Fraqueza muscular;

❏ Tremores;

❏ Olhos vermelhos;

❏ Aumento dos batimentos cardíacos;

❏ Diminuição da pressão arterial;

❏ Aumento da temperatura corporal;

❏ Dificuldade no equilíbrio;

❏ Prejuízos na função psicomotora;

❏ Aumento do apetite;

❏ Alterações na percepção do tempo;

❏ Prejuízos na memória;

- Euforia;
- Sensações de bem-estar;
- Relaxamento;
- Sonolência;
- Despersonalização (sensação de estranheza e irrealidade sobre si mesmo);
- Diminuição na percepção, atenção e processamento de informações;
- Alucinações;
- Prejuízos na memória;
- Síndrome amotivacional;
- Diminuição da imunidade;
- Sinusite;
- Faringite;
- Bronquite;
- Broncoconstrição das vias respiratórias;
- Angina peitoral;
- Câncer de pulmão;
- Diminuição da contagem de espermatozoides e de sua mobilidade em homens;
- Interrupção do ciclo menstrual nas mulheres;
- Indução de surtos psicóticos.

Pessoas que fazem uso diário de maconha durante longos períodos e cessam sua utilização repentinamente podem experimentar efeitos da síndrome de abstinência como irritabilidade, nervosismo, inquietação, insônia, sintomas depressivos, dores de cabeça, redução do apetite, tremores e *craving* (desejo pela droga).

A dependência da maconha está relacionada a uma inabilidade de reduzir ou interromper o consumo da droga, apesar dos prejuízos à saúde e consequências legais envolvidas com o seu uso.

Para concluir este capítulo, devemos também recordar um aspecto importante do consumo de maconha. O simples ato de fumar não é um comportamento natural da raça humana ou de qualquer outro ser vivo. Nunca encontraremos outro animal experimentando o "prazer" de administrar fumaça para dentro de seus pulmões. Para inalar a fumaça contendo milhões de substâncias tóxicas e mantê-la nos pulmões durante alguns segundos, o ser humano precisa aprender a resistir ao reflexo natural de tossir para expeli-la do organismo.

Esse fato é importantíssimo quando observamos que a grande maioria dos usuários de maconha possui uma história pregressa de consumo de tabaco. Seria como um "pré-requisito": o jovem fuma maconha, mas pode ter aprendido a fumar com o cigarro meses ou anos antes. Logo, uma possível estratégia preventiva seria proteger esse jovem do cigarro comum, o tabaco.

CAPÍTULO 6

ESTEROIDES ANABOLIZANTES

O tema me faz recordar dos treinos de jiu-jítsu e musculação em Copacabana há mais de 15 anos, quando colegas de treino adentravam a academia portando ampolas de medicamentos controlados, mas que eram facilmente adquiridos sem receita médica nas farmácias do bairro. Na época, estudante de medicina, eu era frequentemente questionado sobre tais medicamentos, e apesar do discurso contra a utilização dessas substâncias, pude observar alguns colegas se perdendo na utilização indiscriminada de esteroides anabolizantes. Apesar do rápido e acentuado ganho muscular, tais colegas passaram a se apresentar estranhamente agitados, agressivos, com seus rostos completamente inchados, desfigurados, cobertos por espinhas, e alguns deles evidenciavam ainda ginecomastia, o crescimento exagerado das mamas.

Para minha surpresa, seis anos após essa época, reencontrei um desses colegas de treino, por ironia do destino, na porta de meu consultório médico. Desta vez apresentava-se não como atleta, e sim como paciente, e com o triste diagnóstico de uso abusivo de esteroides anabolizantes.

Os esteroides anabolizantes são um grupo de substâncias em que se inclui a testosterona, o hormônio natural masculino, além de dezenas de hormônios sintéticos derivados da própria testosterona, que foram desenvolvidos nos últimos cinquenta anos. Essas substâncias são responsáveis pelo aparecimento das características sexuais masculinas e são capazes de produzir um efeito anabólico, isto é, um aumento na síntese de proteínas para desenvolvimento de músculos, e assim provocam um aumento significativo da massa muscular, da força de explosão e do volume da musculatura corporal.

Hoje em dia, essas substâncias são legalmente produzidas para utilização médica em pacientes

ESTEROIDES ANABOLIZANTES

com doenças que causam perda e atrofia muscular ou doenças relacionadas com perda hormonal, sendo vendidas com receita médica sob a forma de comprimidos e ampolas injetáveis.

Essas substâncias foram amplamente utilizadas por atletas profissionais com a intenção de melhorar seu desempenho atlético, mas com a descoberta de seus malefícios, foram banidas oficialmente dos esportes há cerca de trinta anos. Apesar disso, continuamos observando nos noticiários esportivos flagrantes do uso de esteroides anabolizantes por atletas profissionais. Há casos que ganharam notoriedade e repercussão, como o do ex-velocista olímpico canadense Ben Johnson nos jogos olímpicos de 1988, em Seul, ou da velocista americana tricampeã olímpica Florence Griffith Joyner, que nunca fora flagrada em exames antidoping, mas que conviveu com fortes suspeitas de uso de esteroides anabolizantes até sua morte prematura durante uma suposta crise convulsiva enquanto dormia em sua residência na Califórnia, aos 38 anos.

Nas últimas décadas, o uso dessas substâncias vêm se popularizando entre os jovens, e, apesar dos prejuízos médicos e psiquiátricos envolvidos, convivemos hoje com um grande número de adolescentes que inadvertidamente buscam nos esteroides anabolizantes uma maneira rápida e fácil de ganhar músculos.

História

No final do século XIX, em 1889, o médico neurologista francês Brown-Sequard, aos 72 anos, administrou em si mesmo um extrato testicular de origem animal contendo testosterona e reportou efeitos rejuvenescedores. Quase meio século mais tarde a testosterona foi sintetizada em laboratório, em 1935, sendo utilizada como medicamento para pacientes vítimas de perda muscular severa. Posteriormente, durante a Segunda Guerra Mundial, foi utilizada por tropas alemãs com o objetivo de aumentar a força e a agressividade dos soldados.

Os esteroides anabolizantes começaram a ser utilizados nos esportes no início da década de 1950, sendo a equipe de atletas soviéticos de levantamento de peso uma das primeiras a utilizá-los. Em 1973, a Academia Americana de Pediatria comprovou que a utilização de tais substâncias por crianças e adolescentes eram muito prejudiciais à saúde, e, finalmente, em 1976, a Federação Internacional Atlética Amadora baniu oficialmente sua utilização nos esportes.

ESTEROIDES ANABOLIZANTES

O hormônio testosterona é responsável pelos traços masculinizantes como crescimento de barba, força e desenvolvimento muscular. Ele também pode causar mudanças no cérebro e no corpo e aumentar as chances de desenvolvimento de problemas graves de saúde.

Uma grande ironia é que enquanto a grande maioria dos jovens procura nos esteroides uma maneira rápida de desenvolver músculos e melhorar sua aparência "externa", internamente esses jovens estão destruindo seu organismo. Essas drogas são capazes de enfraquecer o sistema imunológico, responsável pelas defesas naturais contra doenças e infecções. Lesões no fígado e até câncer hepático podem ser causados nesses jovens usuários. Os ossos podem ter seu crescimento interrompido em crianças e adolescentes, devido ao fechamento prematuro das regiões responsáveis pelo crescimento ósseo.

O cérebro é outra região afetada pelos esteroides anabolizantes. Dentro do cérebro possuímos uma região chamada sistema límbico, que está envolvida no controle das emoções, além de participar de importantes etapas da aprendizagem e da memória. Essas drogas são capazes de alterar o humor de quem as usa, logo, sintomas depressivos, irritabilidade, nervosismo e agressividade são comuns entre usuários de esteroides anabolizantes.

O hipotálamo é uma região localizada na base do cérebro e responsável pela produção natural de testosterona. Quando inadvertidamente uma pessoa administra essa substância no organismo, o hipotálamo deixa de enviar corretamente ao resto do corpo informações importantes relacionadas ao controle da pressão arterial, ao humor e às funções reprodutivas, como produção de espermatozoides e libido. Nas mulheres os esteroides anabolizantes causam a interrupção da menstruação, perda de cabelo, crescimento de pelos no rosto e no corpo e voz mais grave.

O uso desse tipo de droga é mais comum entre adolescentes, principalmente do sexo masculino, iniciando por volta dos 14 anos, entre praticantes de musculação ou esportes de luta. Esses jovens se consideram adeptos da "geração saúde", estão interessados na boa aparência física, entretanto, por desinformação ou por simplesmente não acreditarem nos efeitos deletérios desse tipo de droga sucumbem ao uso indiscriminado dessas substâncias.

ESTEROIDES ANABOLIZANTES

Alguns sinais físicos do uso de esteroides anabolizantes podem ser observados com facilidade.
Normalmente há uma hipertrofia muscular generalizada, com um aumento desproporcional do
tórax, aumento da musculatura do pescoço e ombros. A pele pode apresentar-se com acne (espinhas), principalmente no rosto, ombros e costas.
Uma alteração comum é a presença de ginecomastia, um aumento das glândulas mamárias devido à
conversão metabólica do excesso de testosterona
em estrogênio, o hormônio feminino. Outra alteração comum é a atrofia dos testículos, devido à
diminuição da produção de testosterona pelo organismo, com redução da contagem de espermatozoides e de sua mobilidade e alteração de sua
morfologia. Hipertrofia prostática, hipertensão
arterial, hepatomegalia (aumento do tamanho do
fígado), calvície e hirsutismo (aumento da quantidade de pelos pelo corpo) também são frequentes.

Alterações laboratoriais, como aumento das
enzimas hepáticas, aumento dos níveis de testosterona e aumento do númeno de hemácias sanguíneas são encontradas no hemograma e no exame
bioquímico do sangue.

Efeitos dos esteroides anabolizantes

- ❏ Agressividade;
- ❏ Irritabilidade;
- ❏ Nervosismo;
- ❏ Insônia;
- ❏ Euforia;
- ❏ Diminuição do cansaço;
- ❏ Alteração da libido;
- ❏ Alterações do humor;
- ❏ Depressão;
- ❏ Alucinações;
- ❏ Sintomas maníacos (hiperatividade de pensamentos e ações);
- ❏ Ideação paranoide (medo de estar sendo perseguido);
- ❏ Aumento da massa muscular;
- ❏ Acne ou espinhas na pele;
- ❏ Ganho de peso;
- ❏ Retenção hídrica;
- ❏ Queda de cabelo;
- ❏ Aumento de pelos;
- ❏ Desenvolvimento sexual precoce em crianças;
- ❏ Interrupção do crescimento em adolescentes;
- ❏ Redução do tamanho dos testículos;

ESTEROIDES ANABOLIZANTES

❏ Infertilidade e impotência sexual nos homens;

❏ Ginecomastia;

❏ Masculinização nas mulheres (engrossamento da voz, pelos faciais, alargamento do clitóris, diminuição do tamanho dos seios, irregularidades menstruais e calvície);

❏ Diminuição da imunidade;

❏ Aumento da próstata;

❏ Dificuldade para urinar;

❏ Elevação das enzimas hepáticas;

❏ Lesão do fígado;

❏ Câncer de fígado;

❏ Icterícia colestática;

❏ Aumento do colesterol;

❏ Hipertensão arterial;

❏ Hipertrofia ventricular esquerda;

❏ Infarto agudo do miocárdio.

A síndrome de abstinência causada pelos esteroides anabolizantes é caracterizada por sintomas depressivos como tristeza, falta de motivação, cansaço, insônia, diminuição da libido, pensamentos e ideações suicidas, além do desejo pela droga. Quando cessam o uso, muitos jovens experimentam a perda de alguns quilos de massa muscular e podem apresentar um medo exagerado de ficarem magros, fenômeno denominado megarexia ou dismorfia muscular. Trata-se de uma síndrome frequentemente associada a jovens que fazem uso de esteroides anabolizantes, um tipo de transtorno dismórfico corporal em que a pessoa se sente fraca e pequena, mesmo apresentando-se forte e musculosa. Esses jovens praticam musculação de maneira exagerada, compulsiva e evitam situações de exposição de seus corpos, como ir à praia, à piscina, a churrascos, devido ao medo de se sentirem fracos, magros e serem ridicularizados pelas outras pessoas.

O tratamento da dismorfia muscular envolve, além da interrupção do uso de esteroides anabolizantes, intervenções semelhantes às utilizadas no tratamento dos transtornos alimentares, a psicoterapia segundo técnicas cognitivo-comportamentais e medicamentos.

CAPÍTULO 7

COCAÍNA

Rafael era o nome daquele garoto de 17 anos que recebi na emergência do Hospital Souza Aguiar anos atrás. Fora trazido por amigos que o encontraram caído no chão de casa. O jovem apresentava-se confuso, agitado, com dificuldade na fala, queixando-se de perda visual, diminuição da força muscular e fraqueza no braço e na perna direitos. Após investigação constatamos que Rafael havia sofrido um acidente vascular encefálico, um derrame cerebral. Aquele diagnóstico me intrigou. Como um adolescente, aparentemente saudável, poderia sofrer um derrame cerebral daquela proporção? Munido de uma hipótese, conversei muito com o adolescente e seus amigos, e tive a resposta para minha pergunta: a prima do adolescente, chorando muito, confessou que estavam cheirando cocaína quando tudo ocorreu.

A cocaína é a principal droga estimulante que existe. Trata-se de um alcaloide obtido das folhas da planta *Erythroxylon coca* e é administrada principalmente sob a forma inalada (pó), podendo também ser injetada quando diluída em água. O crack é outra apresentação da cocaína, sob a forma de pedra e produzido a partir da sobra do refinamento da cocaína ou da pasta não refinada misturada a bicarbonato de sódio e água. O crack é fumado com a utilização de cachimbos, assim como a merla, uma outra forma de apresentação da cocaína, também chamada de mel, mela ou melado. Trata-se também de uma pasta não refinada da cocaína.

História

A cocaína tem sido utilizada devido aos seus efeitos estimulantes há centenas de anos. Originalmente, a planta de coca era encontrada nas montanhas andinas da Bolívia e do Peru, onde comunidades indígenas incas mastigavam suas folhas durante rituais religiosos entre os séculos XI e XV, considerando-a um presente do Deus Sol.

Em 1884, Sigmund Freud, que fora um grande defensor da substância, publicou *Sobre a coca*, artigo em que exaltava a capacidade da substância em combater transtornos gástricos, asma, cansaço, além de ser afrodisíaca, um excelente anestésico local e capaz de exaltar o humor. No início do século XX, a utilização da cocaína sob a forma de pó extraído das folhas de coca tornou-se muito popular na Europa, pois acreditava-se nos benefícios estimulantes da substância. Diversos medicamentos, refrigerantes e vinhos passaram a conter extratos de coca, sendo anunciados como "tônicos revigorantes", a exemplo do refrigerante Coca-Cola. Entretanto, com a descoberta de seus efeitos viciantes e sucessivas mortes por overdose da substância, a cocaína foi proibida em 1914 nos Estados Unidos.

Somente na década de 1960 o consumo de cocaína reemergiu, sendo, preferencialmente, utilizada através da via inalatória. Vinte anos mais tarde, outra forma da droga fumada, o crack, também se tornou popular.

A utilização de cocaína provoca no usuário uma série de alterações físicas e comportamentais que inviabilizam a vida da pessoa ao longo do tempo. Aumento dos batimentos cardíacos, da pressão arterial, da frequência respiratória, associados à dilatação das pupilas, tremores e sudorese, são algumas das alterações físicas facilmente observadas.

Mudanças comportamentais como agitação motora, inquietação, insônia, euforia, grandiosidade, irritabilidade, impulsividade, perda do apetite, delírios persecutórios (alteração do pensamento em que a pessoa acredita que está sendo perseguida pela polícia, traficantes ou outras pessoas, por exemplo) e alucinações visuais e táteis (a pessoa vê e sente a presença de objetos que não existem, como bichos e insetos andando pelo seu corpo, por exemplo), normalmente acompanham o quadro de intoxicação por cocaína. Pessoas com histórico familiar de transtornos psicóticos, como esquizofrenia, apresentam maiores chances de desenvolver a doença caso façam uso de cocaína.

As emergências dos hospitais também recebem com frequência adolescentes vítimas de infarto do coração, arritmias cardíacas e acidente vascular encefálico (derrame cerebral) provocados pelo consumo da droga.

COCAÍNA

Efeitos da cocaína

- Aumento da frequência cardíaca;
- Elevação da temperatura corporal;
- Tremores;
- Sudorese;
- Dilatação das pupilas;
- Euforia;
- Irritabilidade;
- Impulsividade;
- Diminuição do cansaço;
- Aumento da energia;
- Aumento da sexualidade;
- Disfunção sexual;
- Perda do apetite;
- Insônia;
- Arritmias cardíacas;
- Infarto agudo do miocárdio;
- Acidente vascular encefálico (derrame cerebral);
- Deficiências vitamínicas;
- Perda de peso;
- Ansiedade;
- Depressão;
- Irritabilidade;

- Perda de peso;
- Diminuição nos cuidados de higiene pessoal;
- Dificuldade de concentração;
- Perda do interesse sexual;
- Impotência sexual;
- Dificuldade na concentração;
- Alucinações visuais e táteis;
- Sensações de desconfiança;
- Delírios persecutórios.

Algumas peculiaridades podem chamar a atenção na diferenciação das vias de administração da droga pelo usuário. Quando a cocaína é inalada, frequentemente podem ser observados quadros de rinite, sangramento nasal, sinusite, destruição do septo nasal e atrofia da mucosa interna do nariz.

No usuário da cocaína fumada, o crack, quadros de pneumonias, bronquite, fibrose pulmonar, tosse crônica e edema pulmonar podem ser encontrados, enquanto no usuário de cocaína injetada são comuns quadros infecciosos pela utilização de seringas contaminadas. Endocardites, infecções de pele, abcessos na região da injeção, abcessos pulmonares e cerebrais, septicemia, além

COCAÍNA

de infecções pelo vírus HIV e vírus de hepatite B e C também estão associados à via de administração injetável.

A cocaína é uma droga capaz de produzir dependência química, sendo caracterizada principalmente pelo desejo do consumo da substância e pela síndrome de abstinência, relacionada basicamente com o surgimento de sintomas depressivos como tristeza, falta de motivação, negativismo, irritabilidade, diminuição da concentração, ansiedade, inquietação, cansaço e insônia.

CAPÍTULO 8

CRACK

Domingo, 7h30 da manhã.

— Meu nome é João, meu nome é João!

Essa frase era tudo o que o garoto de 16 anos conseguia pronunciar. Nossa equipe de resgate havia sido chamada para um atendimento domiciliar em um condomínio de classe média da Barra da Tijuca, zona oeste do Rio de Janeiro.

João, um estudante do terceiro ano do ensino médio de um tradicional colégio particular carioca, estava seminu, vestindo apenas uma camiseta branca rasgada, muito suja e exalando um odor fétido. Evidenciava um emagrecimento grave, rosto pálido, sujo, com hematomas e machucados por todo o corpo. Segundo seus pais, isso foi o resultado do desaparecimento do filho durante o fim de semana.

O desespero e sofrimento dos pais eram evidentes, e o desabafo da mãe ilustrava bem o poder destruidor dessa droga:

— Doutor, três meses atrás o João era um garoto normal, não existia droga na vida dele! Ele saiu de casa na sexta-feira de tarde com apenas dez reais no bolso. Deve ter usado o crack por dois dias sem parar. Ele não sabe se apanhou na rua, nem onde dormiu. Ele é bom menino, doutor, é tudo culpa do maldito crack!

O crack é uma droga fumada, uma forma impura da cocaína, resultado da mistura de sua pasta com água e bicarbonato de sódio. O nome da droga é uma referência ao verbo inglês "to crack", que significa quebrar, e remete aos estalidos produzidos pelos cristais da droga, "as pedras", ao serem fumadas.

As pedras do crack são fumadas utilizando um cachimbo ou mesmo uma lata de refrigerante furada, e seus efeitos surgem rapidamente, pois em menos de dez segundos a fumaça inalada é absorvida pelos alvéolos pulmonares, atingem a corrente sanguínea e posteriormente o cérebro do usuário.

Os efeitos duram cerca de oito minutos e estão relacionados com euforia, agitação, sensação de prazer, irritabilidade, alterações do pensamento, confusão mental, alucinações auditivas, visuais e paranoia (ideias de perseguição). Alterações cardiovasculares e motoras, como taquicardia e tremores, também ocorrem com frequência.

Devido à duração limitada dos efeitos e os consequentes sintomas de mal-estar, tristeza e ansiedade provocados logo após a interrupção do uso, muitos usuários sentem a necessidade de reutilizar a droga. Trata-se da síndrome de abstinência, que pode aparecer mesmo após a primeira utilização da droga.

Uma das explicações para a popularização dessa substância é o fato de ser uma droga barata, bem mais barata que a cocaína. Outra característica que facilitou a popularização do crack é a via de fácil administração, pois ele é fumado.

História

O crack surgiu nos Estados Unidos durante a década de 1960. Nessa época, a cocaína já era consumida em larga escala por jovens e adolescentes de classe média alta. Entretanto, a cocaína era considerada uma droga cara, restrita a um pequeno grupo consumidor e chamada de "droga dos ricos". O desenvolvimento do crack foi uma tentativa de tornar o produto mais acessível e mais rentável aos traficantes de drogas.

Nas décadas seguintes, o crack se popularizou entre as classes mais pobres da população americana, inicialmente restrito aos grandes centros urbanos e industriais dos Estados Unidos e posteriormente difundido por todo o país.

Algo semelhante ocorreu no Brasil. Até o início da década de 1990 eram raros os relatos de consumo de crack nas grandes capitais brasileiras, comportamento que se modificou durante os últimos anos, quando passamos a identificar uma grande explosão desse vício em todo o país.

Hoje vivemos uma verdadeira epidemia no consumo de crack no Brasil e observamos a multiplicação das "cracolândias" pelas periferias das grandes cidades. Uma catástrofe nacional que atinge crianças, jovens e adultos, moradores de grandes centros urbanos como São Paulo, Rio de Janeiro, Salvador, Porto Alegre, Curitiba, Belo Horizonte, assim como pequenas e remotas regiões e vilarejos no interior do país.

> As famílias atingidas são principalmente de baixa renda, mas a droga já atinge um número crescente de representantes das classes média e alta.

A ação do crack no sistema nervoso central está relacionada com uma grande liberação da substância química dopamina, responsável pelas sensações iniciais de euforia e prazer, em geral seguidas de ansiedade, preocupações paranoides, irritabilidade, agitação, agressividade, perda do apetite e insônia.

Efeitos fisiológicos também são identificados, como: aumento da frequência cardíaca, aumento da pressão arterial, dilatação das pupilas, tremores, vertigens, espasmos musculares e aumento da temperatura corporal. Lesões cerebrais graves podem ser encontradas nos usuários do crack e casos de morte mesmo após a primeira utilização da droga não são raros e estão relacionados com paradas cardiorrespiratórias, infarto agudo do miocárdio ou acidentes vasculares cerebrais.

Uma característica notória ao usuário do crack é a violência e os surtos de agressividade contra membros da própria família ou qualquer outra

MANUAL ANTIDROGAS

pessoa que se coloque na posição de impedir ou interromper o seu consumo. Outro aspecto importante e que evidencia a gravidade da dependência é a busca incessante pelas pedras de crack. O dependente agirá de todas as maneiras possíveis para adquirir dinheiro e comprar a substância, seja furtando utensílios domésticos, assaltando lojas, pedestres ou se prostituindo para adquirir a droga.

Essa íntima relação entre o consumo de crack e a violência é também identificada ao observarmos o número crescente de mortes entre usuários relacionado com brigas entre dependentes, acerto de contas e punições de traficantes motivados por dívidas na compra da droga, ações policiais e por doenças sexualmente transmissíveis como AIDS, devido ao comportamento promíscuo entre os usuários.

Efeitos do crack

❏ Euforia;

❏ Ansiedade;

❏ Preocupações paranoides;

❏ Irritabilidade;

CRACK

- Agitação;
- Agressividade;
- Perda do apetite;
- Insônia;
- Aumento da frequência cardíaca;
- Aumento da pressão arterial;
- Dilatação das pupilas;
- Tremores;
- Vertigens;
- Espasmos musculares;
- Aumento da temperatura corporal;
- Agressividade;
- Violência;
- Lesões cerebrais graves;
- Parada cardiorrespiratória;
- Infarto agudo do miocárdio;
- Acidentes vasculares cerebrais;
- AIDS.

CAPÍTULO 9

ANFETAMINAS

erta vez atendia uma adolescente de 15 anos. Ela se apresentava com um discurso acelerado, agitada, estava inquieta, com pensamentos de grandeza e dizendo-se poderosa e portadora de poderes especiais. O quadro clínico parecia ser típico de uma adolescente com síndrome maníaca de um transtorno bipolar do humor, se não fosse causado pela ingestão de drogas supostamente utilizadas para emagrecer, mas que estavam causando graves alterações comportamentais. Os pais buscaram ajuda quando perceberam que além dos sintomas citados acima a jovem passara a falar em suicídio. A adolescente fazia uso há três meses de uma fórmula "mágica" para emagrecer contendo anfepramona, uma potente anfetamina.

As anfetaminas são medicamentos controlados, vendidos sob a forma de comprimidos em farmácias de todo o país, sendo os mais utilizados: dietilpropiona ou anfepramona, fenproporex e mazindol. Uma outra anfetamina, proibida no mercado brasileiro, mas que entra ilegalmente no país por meio de contrabando, é denominada metanfetamina. Ela tem se popularizado muito nos Estados Unidos, sendo consumida principalmente sob a forma fumada e chamada de "ice".

História

As anfetaminas foram os primeiros estimulantes produzidos em laboratório, inicialmente sintetizadas em 1887 e utilizadas na medicina quarenta anos depois (a partir de 1927) como estimulantes e descongestionantes nasais. Durante a Segunda Guerra Mundial, diversos exércitos as utilizaram para "elevar o moral da tropa", manter seus soldados e pilotos mais alertas, melhorar a resistência e reduzir o cansaço.

No Brasil, essas substâncias são também chamadas de "rebite" ou "bolinha", e seu uso indiscriminado cresceu entre estudantes e caminhoneiros interessados nos efeitos estimulantes da substância

ANFETAMINAS

> para permanecerem despertos por mais tempo, a partir das décadas de 1960 e 1970. Nos últimos anos, um novo grupo de usuários tem se destacado: adolescentes do sexo feminino e mulheres que buscam na droga os efeitos estimulantes e de emagrecimento. Atualmente, estudos internacionais relacionam o Brasil como um dos maiores consumidores mundiais de anfetaminas.

Os efeitos da anfetamina no organismo são muito semelhantes aos da cocaína, e comumente observamos insônia, diminuição do apetite, perda de peso, ansiedade, pânico, irritabilidade, nervosismo, agressividade, inquietação, impulsividade, oscilações do humor, sensação de euforia e redução do cansaço. Sintomas físicos são evidenciados sob a forma de aumento da frequência cardíaca e da pressão arterial, sudorese, tremores, dilatação das pupilas, elevação da temperatura corporal e aumento do ritmo intestinal.

Sintomas psicóticos, também denominados de psicose anfetamínica, podem ocorrer durante o consumo, e, nesses casos, o adolescente pode apresentar alucinações visuais e auditivas, além de delírios persecutórios. Naquelas pessoas predispostas geneticamente a transtornos bipolares do humor ou transtornos psicóticos, como a esquizofrenia, as anfetaminas podem precipitar o início do surto, funcionando como um "gatilho" para o desencadeamento da condição comportamental. Episódios depressivos também podem ocorrer durante a utilização da droga ou após sua retirada.

Além disso, o uso continuado das anfetaminas e o consequente aumento da pressão arterial podem provocar lesões graves em vasos sanguíneos do cérebro, podendo levar a acidentes vasculares cerebrais (derrame cerebral).

Efeitos das anfetaminas

❏ Ansiedade;

❏ Pânico;

❏ Irritabilidade;

❏ Nervosismo;

❏ Inquietação;

❏ Impulsividade;

❏ Perda do apetite;

❏ Insônia;

❏ Agressividade;

- Oscilações do humor;
- Sensação de euforia;
- Redução do cansaço;
- Aumento da frequência cardíaca;
- Aumento da pressão arterial;
- Sudorese;
- Tremores;
- Dilatação das pupilas;
- Elevação da temperatura corporal;
- Aumento do ritmo intestinal;
- Alucinações visuais;
- Alucinações auditivas;
- Delírios persecutórios;
- Episódios depressivos;
- Episódios maníacos;
- Surtos psicóticos;
- Lesão de vasos sanguíneos;
- Acidente vascular encefálico (derrame cerebral).

A síndrome de abstinência é caracterizada pelo desejo de consumo da droga, ansiedade, redução da energia, sintomas depressivos, como falta de motivação, tristeza, sonolência, sentimentos de desvalia, culpa, choro fácil, baixa autoestima e nervosismo.

MANUAL ANTIDROGAS

A dependência de anfetaminas ocorre com frequência, sendo caracterizada pelo desejo de consumo da droga, associado à tolerância, necessidade de doses cada vez mais altas da substância para obter os efeitos desejados, como diminuição do cansaço, perda do apetite e diminuição do sono.

CAPÍTULO 10

ECSTASY

Madrugada de sábado, nossa equipe de resgate é acionada para um atendimento emergencial em uma festa rave na Barra de Tijuca. Na chegada, observo uma grande confusão. Entre jovens alcoolizados e música eletrônica muito alta encontramos uma garota de aproximadamente 16 anos desacordada nos braços de amigos. Mais do que desacordada, Daniela estava morta, vítima de um comprimido de ecstasy oferecido pela primeira vez à estudante do segundo ano do ensino médio por colegas da escola. A cena aterrorizou amigos e funcionários do colégio que tinham Daniela como uma aluna exemplar, mas que naquela noite havia sucumbido ao oferecimento da substância pelos mesmos colegas da escola.

Também chamado de MDMA, "club drug" ou "bala", o ecstasy é uma droga que vem se popularizando ao longo dos últimos vinte anos, principalmente entre adolescentes de classes média e alta, e está intimamente ligada a frequentadores de casas noturnas e festas chamadas raves, nas quais muitos jovens compartilham além da música eletrônica a utilização dessa droga.

O ecstasy é consumido sob a forma de comprimidos. Trata-se de um tipo de anfetamina sintética com propriedades estimulantes e alucinógenas e está relacionada a efeitos danosos ao cérebro humano, principalmente em neurônios serotoninérgicos. Esse efeito neurotóxico pode causar distúrbios no sono, alterações do humor, ansiedade, aumento da impulsividade, problemas de atenção e memória. É importante dizer que tais efeitos danosos podem ser permanentes, podendo ocorrer mesmo após a utilização da droga uma única vez.

História

O MDMA foi produzido e patenteado em 1914 pelo Laboratório Merck, na Alemanha, como um componente experimental e classificado inicialmente como um moderador de apetite, mas teve seu uso iniciado como droga de abuso no final da década de 1960 na Califórnia, por jovens interessados nos seus efeitos prazerosos, sentimentos de liberdade, apego, empatia e "amor universal", que renderam à droga o apelido de "droga do amor".

A droga tornou-se proibida nos Estados Unidos no início da década de 1980, mas teve um crescimento assustador de seu uso com a popularização das festas rave nos anos seguintes. Esses locais são considerados ideais pelos seus usuários devido à mistura do ambiente de música eletrônica vibrante associado a festas com mais de dez horas de duração.

Atualmente a droga é proibida em quase todo o mundo, com exceção da Holanda, país produtor da substância, através do qual a droga é contrabandeada e chega até o Brasil.

Os efeitos iniciais da droga ocorrem aproximadamente de vinte a quarenta minutos após a ingestão do comprimido de ecstasy, com a ocorrência de enjoos que às vezes provocam vômitos, podendo ser acompanhados de uma urgência para defecar.

Posteriormente, sobrevêm sentimentos de familiaridade e empatia com todos ao redor, alterações na percepção do tempo, aumento da sensibilidade corporal, euforia, bem-estar e aumento do desejo sexual. Entretanto, o ecstasy pode provocar também diminuição da ereção e dificuldade para se atingir o orgasmo. Agitação psicomotora, falta de apetite, tremor, sensações de calor, aumento da temperatura corporal e muita sede também ocorrem com frequência. Todos esses efeitos duram em torno de três a seis horas, entretanto, costumeiramente podem ocorrer períodos de "ressaca" pós-utilização da substância, com duração de até 24 horas. Durante a "ressaca" o jovem pode experimentar sensações de cansaço, tristeza, falta de motivação e insônia.

Além desses sintomas usuais, graves reações do organismo podem ser desencadeadas durante a utilização da droga em festas, como confusão mental, desorientação, alterações na pressão arterial, aumento dos batimentos cardíacos e da temperatura corporal, desidratação, convulsões, problemas de coagulação sanguínea, falência renal, intoxicação hepática grave e morte.

A hipertermia ou aumento da temperatura corporal é um dos grandes perigos do consumo da droga, pois, devido a seus efeitos estimulantes, o ecstasy provoca um excesso de trabalho do organismo, com produção de calor, superaquecendo o corpo do usuário. Em alguns locais onde a droga é consumida há uma facilitação desse superaquecimento do corpo, pois as casas noturnas normalmente são ambientes fechados, com pouca ventilação e superlotadas, motivo pelo qual atualmente muitas festas rave são realizadas em sítios, chácaras e praias.

Uma das mais graves consequências desse superaquecimento corporal pode ser a rabdomiólise, degradação de proteínas musculares causada pela exposição do organismo a altas temperaturas. Essas proteínas degradadas caem na corrente sanguínea e podem prejudicar o funcionamento dos rins na filtração do sangue, causando insuficiência renal e consequente morte do usuário da droga.

Os efeitos danosos no cérebro de usuários de ecstasy estão relacionados com a lesão de neurônios serotoninérgicos e com a consequente diminuição de 30% do metabolismo de serotonina. Além disso, diversos estudos com neuroimagem mostram um aumento da disfunção cognitiva no córtex frontal e no hipocampo, evidenciando efeitos nocivos no funcionamento do sistema nervoso central.

Alterações psiquiátricas como depressão, ansiedade, insônia, impulsividade e ataques de pânico também são mais frequentes em usuários da droga.

Efeitos do ecstasy

❏ Enjoos;

❏ Vômitos;

❏ Alterações na percepção do tempo;

❏ Aumento da sensibilidade corporal:

❏ Euforia;

❏ Impotência sexual;

❏ Dificuldade para atingir o orgasmo;

❏ Agitação psicomotora;

❏ Falta de apetite;

❏ Tremor;

❏ Sensações de calor;

❏ Aumento da temperatura corporal;

❏ Sede;

❏ Insônia;

❏ Aumento da pressão arterial;

- ❏ Confusão mental;
- ❏ Desorientação;
- ❏ Aumento dos batimentos cardíacos;
- ❏ Aumento da temperatura corporal;
- ❏ Desidratação;
- ❏ Convulsões;
- ❏ Problemas de coagulação sanguínea;
- ❏ Falência renal;
- ❏ Intoxicação hepática grave.

Não se costuma observar os fenômenos de tolerância, síndrome de abstinência e dependência do ecstasy, entretanto, os efeitos, prejuízos e consequências ocasionados pelo seu uso são comumente observados entre usuários da droga e bem descritos na literatura médica.

CAPÍTULO 11

LSD

Daniel era o nome do adolescente de 15 anos que nossa equipe de resgate encontrou em sua residência, em Copacabana. Seus pais estavam desesperados e questionando o comportamento do filho nas últimas semanas. Indagavam sobre o diagnóstico de esquizofrenia, levantado pelo médico da família. Daniel apresentava-se desorientado, confuso, produzindo risadas e gargalhadas imotivadas. O jovem nos questionava se também estávamos vendo as cores e ouvindo os sons do ambiente:

— Tá tudo colorido, tá lindo, esse som... Tô voando, cara! Olha só isso, seu rosto tá colorido, maluco!

Uma avaliação detalhada identificou a causa da alteração do comportamento de Daniel. Ele estava fazendo uso de LSD na companhia de amigos da escola, durante festas rave.

O LSD, ou dietilamida do ácido lisérgico, também chamado vulgarmente de ácido, doce ou papel, é um composto cristalino com propriedades alcaloides e produzido clandestinamente a partir de uma substância denominado ergotina que é produzido por um fungo chamado ergot, durante a fermentação de grãos de centeio.

Pode apresentar a forma de barras, cápsulas, tiras de gelatina, micropontos ou folhas de papel, como selos ou autocolantes. A dose média é de 50 a 75 microgramas, sendo consumido por via oral através da absorção sublingual. Seus efeitos podem durar de quatro a 12 horas.

História

O químico Albert Hofmann sintetizou o LSD pela primeira vez em 1938, nos Laboratórios Sandoz, na Basileia, mas somente cinco anos mais tarde descobriu seus efeitos, de forma acidental. Hofmann estava trabalhando na síntese de derivados do ácido lisérgico, substâncias utilizadas para interromper o sangramento excessivo após cirurgias, quando se contaminou com a substância e, assim, absorveu acidentalmente o LSD, passando a apresentar os sintomas alucinatórios da droga.

Durante as décadas de 1950 e 1960, centros de pesquisa e universidades americanas estudaram o composto. O próprio governo americano, através da CIA, sua agência secreta de inteligência, e o governo inglês criaram projetos militares de pesquisa e testaram a substância em soldados e em voluntários civis para avaliar seus efeitos. Entretanto, um grande número de voluntários e militares apresentaram doenças psiquiátricas e houve diversos casos de suicídio, sendo a pesquisa e a comercialização do LSD proibidas em 1967.

Apesar da proibição, o consumo do LSD difundiu-se principalmente durante o fim da década de 1960 e durante a década de 1970 no movimento hippie, nos meios universitários norte-americanos, grupos de música pop e ambientes literários.

Os principais efeitos do LSD estão relacionados às características alucinógenas da droga, que age sobre os sistemas neurotransmissores serotoninérgicos e dopaminérgicos. Alucinações visuais e auditivas, exaltação do humor, ideias de grandeza,

MANUAL ANTIDROGAS

pensamento acelerado, percepções distorcidas com o realce das cores, contorno dos objetos e alterações na recepção dos sons, com relatos de sinergismos de sensações do tipo "cores apresentando sons" ou "sons coloridos" são efeitos frequentes.

Muitos usuários apresentam a chamada *bad trip*, quando há quadros de ansiedade aguda, angústia, nervosismo, ataques de pânico, sensações de morte iminente, tremores, agitação motora e delírios persecutórios.

Efeitos do LSD

❏ Alucinações visuais e auditivas;

❏ Exaltação do humor;

❏ Ideias de grandeza;

❏ Pensamento acelerado;

❏ Percepções distorcidas;

❏ Ansiedade aguda;

❏ Angústia;

❏ Nervosismo;

❏ Ataques de pânico;

❏ Sensações de morte iminente;

❏ Tremores;

❏ Agitação motora;

LSD

- ❏ Delírios persecutórios;
- ❏ Quadros psicóticos agudos;
- ❏ Quadros depressivos.

O consumo da droga pode desencadear quadros psicóticos agudos, quadros depressivos e piorar doenças psiquiátricas preexistentes. Naqueles usuários predispostos geneticamente a transtornos psicóticos, a droga pode induzir ou precipitar quadros crônicos, como a esquizofrenia.

A dependência do LSD não costuma ser observada, entretanto, pode ocorrer a tolerância. Em outras palavras, o usuário necessita, no decorrer do tempo, de dosagens cada vez maiores para obter o efeito da droga.

CAPÍTULO 12

OPIOIDES

Certa vez fui procurado para realizar a avaliação comportamental de Henrique, um estudante do quarto ano da faculdade de medicina. A queixa dos pais de Henrique era de que o filho vinha ficando sonolento, como se estivesse sedado, apresentando dificuldade na coordenação motora. Nos últimos dois meses ele havia se afastado dos amigos e estava frequentemente nauseado e com vômitos.

Clinicamente nada havia sido encontrado, e logo aspectos comportamentais passaram a ser investigados. O jovem tinha iniciado plantões em um hospital da Barra da Tijuca há alguns meses, época que coincidiu com a mudança de comportamento do estudante; seus pais relataram também ter encontrado seringas e medicamentos em sua mochila.

Após uma longa conversa com Henrique, ele revelou estar deprimido há algum tempo, tendo resolvido experimentar morfina para se sentir melhor. As sensações prazerosas da substância o motivaram a continuar consumindo-a, e um mês após a experimentação inicial ele já realizava o uso diário de morfina, já que era facilmente adquirida no hospital onde trabalhava. Seu relato era de que sem a droga ele não conseguia se manter calmo ou feliz, e a substância já exercia papel importante em sua vida.

Opioides são substâncias derivadas do ópio, um produto extraído da papoula, planta da família das *Papaveraceae*, de origem asiática, capazes de provocar efeitos euforizantes. A morfina e a codeína são consideradas opiáceos naturais, pois são extraídas da papoula, enquanto a heroína e a metadona são substâncias obtidas por meio da modificação em laboratório, sendo consideradas opiáceos semissintéticos. Já a meperidina, o fentanil e o propoxifeno são substâncias opiáceas totalmente produzidas em laboratório e de uso médico para fins anestésicos e para alívio da dor em doenças crônicas como o câncer, por exemplo.

Substâncias como a codeína podem ser encontradas em medicamentos para controle da tosse, enquanto formulações contendo pó de ópio são vendidas como antidiarreico.

Tais substâncias opioides podem ser encontradas nas farmácias, com venda controlada, com exceção da heroína, cuja comercialização é proibida, sob a forma de comprimidos, ampolas ou pó, e seu uso abusivo é feito através do consumo oral, injetado ou por inalação.

História

O ópio é uma substância originária da Ásia e os registros mais antigos de seu uso remontam à Mesopotâmia, há cinco mil anos. Existem registros de que os egípcios já utilizavam a droga como anestésico por volta de 1500 a.C.

A popularização do ópio ocorreu muitos séculos depois. Em 1560, o ópio fumado já havia se tornado um grave problema na China, fato que motivou o governo chinês a controlar a importação e venda da droga em seu território. Essa oposição à comercialização da substância provocou a Guerra do Ópio contra o império britânico, que não tolerou a possibilidade de futuros prejuízos com a não comercialização do ópio produzido na Índia. Com a vitória inglesa ocorreu a perpetuação do consumo de ópio, o que posteriormente levou à exportação da droga para todo o mundo.

Diversas substâncias passaram a ser sintetizadas a partir do ópio, sendo a morfina o principal princípio ativo da droga, extraído da papoula em 1805 pelo químico alemão Friedrich Sertürner e tendo recebido esse nome em homenagem a Morfeu, deus grego do sono e dos sonhos.

Anos mais tarde, a morfina passou a ser amplamente utilizada na medicina para fins terapêuticos como potente analgésico e anestésico, quando ainda se desconheciam seus poderosos efeitos aditivos.

A heroína foi a primeira substância derivada da morfina, sendo sintetizada em 1874 e comercializada anos mais tarde pelo Laboratório Bayer. Entretanto, a heroína rapidamente se tornou uma perigosa droga de abuso em todo o mundo, a "droga dos sonhos", e teve sua produção comercial proibida em 1924.

O cérebro humano produz determinadas substâncias denominadas opioides endógenos, que estão relacionadas com a regulação do prazer e da dor. Quando o indivíduo faz uso da substância, há um desequilíbrio nesse sistema opioide cerebral e inú-

OPIOIDES

meras consequências negativas ocorrerão no organismo do usuário.

Dessa forma, os opioides são substâncias capazes de produzir efeitos em diversas áreas do organismo, sendo a ação cerebral a principal característica. Sensações de prazer e euforia, redução da dor, ou de sedação, sonolência, dificuldade na coordenação motora, náuseas e vômitos também podem ocorrer. Frequentemente ocorre uma dilatação dos vasos sanguíneos, acompanhada de diminuição da frequência respiratória e dos movimentos peristálticos dos intestinos, provocando constipação.

Uma consequência do abuso de opioides são as infecções causadas pelo uso de seringas contaminadas, sendo as principais: infecções superficiais da pele e abcessos, tromboflebites (infecções das veias), endocardites (infecções de valvas cardíacas), abcessos cerebrais e pulmonares, além de contaminações por vírus da hepatite B, C e HIV.

A overdose de opioides ocorre com frequência e pode provocar miose (diminuição das pupilas), depressão do sistema nervoso central, depressão respiratória, diminuição do nível de consciência, hipotensão arterial, edema pulmonar, colapso circulatório e consequente morte.

Efeitos dos opioides

❑ Sensações de prazer;

❑ Euforia;

❑ Redução da dor;

❑ Sedação;

❑ Sonolência;

❑ Dificuldade na coordenação motora;

❑ Náuseas;

❑ Vômitos;

❑ Dilatação dos vasos sanguíneos;

❑ Diminuição da frequência respiratória;

❑ Constipação;

❑ Diminuição da libido;

❑ Amenorreia (interrupção da menstruação nas mulheres);

❑ Constipação;

❑ Infecções superficiais da pele;

❑ Abcessos;

❑ Tromboflebites (infecções das veias);

❑ Endocardites (infecções de valvas cardíacas);

❑ Abcessos cerebrais e pulmonares;

❑ Contaminações por vírus da hepatite B, C e HIV;

❑ Depressão do sistema nervoso central;

OPIOIDES

> ❏ Depressão respiratória;
> ❏ Hipotensão arterial;
> ❏ Edema pulmonar;
> ❏ Colapso circulatório.

O desenvolvimento de dependência química ocorre rapidamente para os usuários de opioides, e os sintomas da síndrome de abstinência podem ocorrer algumas horas após a interrupção do uso com o aparecimento de muita ansiedade, desejo pela droga, irritabilidade, inquietação, agitação, sudorese, lacrimejamento, midríase (dilatação das pupilas), febre, calafrios, pelos eriçados, aumento dos batimentos cardíacos, dor muscular e diarreia.

CAPÍTULO 13

INALANTES

Carnaval: folga do colégio, viagem com amigos, festa, alegria, lança-perfume... e uma passagem pelo hospital!

André, 17 anos, estudante do ensino médio, além de não aproveitar o carnaval, passou quatro dias internado no hospital da cidade após queda motivada pelo consumo de lança-perfume e uma arritmia cardíaca grave desencadeada pelo produto.

Dessa vez, o jovem André teve sorte e escapou daquilo que poderia ter sido seu último carnaval. Influenciado pelos amigos, ele sucumbiu ao consumo da droga, que poderia tê-lo matado naquela mesma tarde, sábado de carnaval.

Inalantes são um conjunto de diferentes substâncias químicas que apresentam em suas composições hidrocarbonetos de grande volatilidade, e por isso a via de administração da droga é inalatória. São produtos utilizados como aromatizadores de ambiente, solventes, anestésicos, combustíveis, tintas, vernizes, aerossóis, esmaltes e colas.

O lança-perfume e o "cheirinho da loló" consistem em uma mistura de éter, clorofórmio e cloreto de etila, sendo objeto de consumo de adolescentes de classe média e alta. Em contrapartida, outros inalantes, como colas de sapateiro, acetona e benzeno, por exemplo, são produtos legalmente comercializados em supermercados e lojas de tintas. Devido a seu fácil acesso e preço baixo, são drogas muito utilizadas entre estudantes de escolas públicas brasileiras.

História

O lança-perfume chegou pela primeira vez ao Brasil em 1906, durante as festividades de carnaval no Rio de Janeiro. O produto produzido e vendido na Argentina como aromatizador de ambiente foi rapidamente incorporado aos festejos carnavalescos de todo o país, utilizado principalmente nas batalhas de confete e nos bailes carnavalescos, sendo borrifado nas ruas e nos salões de baile.

Entretanto, no decorrer dos anos, o produto passou a ser inalado diretamente como uma droga de abuso e, após vários casos de morte, foi proibido no Brasil por Jânio Quadros, então presidente da República, em 1961.

Ainda hoje, o lança-perfume continua proibido no Brasil, mas contrabandos provenientes da Argentina e do Paraguai continuam a nutrir o comércio ilegal da droga, principalmente durante o carnaval brasileiro. Drogas como o "cheirinho da loló", preparadas em laboratórios clandestinos e semelhantes ao lança-perfume, também abastecem o comércio clandestino. Outros produtos inalantes como colas, solventes e tintas se popularizaram nas últimas décadas, principalmente nos grandes centros urbanos de todo o país e nos cinturões de pobreza das grandes cidades.

A ação exata dos inalantes no organismo é pouco conhecida, devido à variedade de produtos químicos presentes nos diferentes solventes utilizados, entretanto, de uma maneira geral, a intoxicação está relacionada com a depressão do sistema nervoso central. Inicialmente ocorre uma sensação de desinibição e euforia, seguida de descoordenação motora, risos imotivados, zumbidos e fala pastosa.

Na continuação do uso, o adolescente poderá apresentar confusão mental, desorientação, alucinações visuais e auditivas, redução do nível de consciência, desmaios, convulsões, arritmias cardíacas, coma e até morte.

A benzina, outro inalante comumente utilizado, pode provocar lesões em nervos periféricos, provocando perda da força muscular, dor e anestesia dos braços e pernas do usuário. Outras consequências danosas ao organismo estão relacionadas a hepatites tóxicas, pneumonites, insuficiência renal crônica e alterações gastrointestinais, como dores abdominais, diarreias, náuseas e vômitos.

Algumas complicações podem ocorrer nos usuários crônicos dessas drogas, ocasionando lesões cerebrais e cerebelares permanentes e produzindo, respectivamente, empobrecimento intelectual e descoordenação motora para o resto de suas vidas, mesmo que venham a interromper o uso.

INALANTES

Efeitos dos inalantes

❏ Dores abdominais;

❏ Diarreias;

❏ Náuseas;

❏ Vômitos;

❏ Depressão do sistema nervoso central;

❏ Sensação de desinibição e euforia;

❏ Anestesia dos braços e pernas;

❏ Descoordenação motora;

❏ Risos imotivados;

❏ Zumbidos;

❏ Fala pastosa;

❏ Confusão mental;

❏ Desorientação;

❏ Alucinações visuais e auditivas;

❏ Redução do nível de consciência;

❏ Desmaios;

❏ Lesões em nervos periféricos;

❏ Perda da força muscular;

❏ Hepatites tóxicas;

❏ Pneumonites;

❏ Insuficiência renal crônica;

❏ Lesões cerebrais e cerebelares permanentes;

❏ Empobrecimento intelectual;

MANUAL ANTIDROGAS

❏ Descoordenação motora permanente;

❏ Convulsões;

❏ Arritmias cardíacas.

A dependência química de solventes pode ocorrer, de forma que os sintomas psíquicos mais evidentes são: ansiedade, desejo pela droga, perda de outros interesses que não sejam o desejo de usar a droga.

A síndrome de abstinência, embora de pouca intensidade, está presente na interrupção abrupta do uso, sendo caracterizada por insônia, cãibras, ansiedade, agitação e tremores.

CAPÍTULO 14

CALMANTES

— Doutor, eu não consigo dormir. Posso tomar o diazepam da minha mãe?

Assim começou aquela manhã de atendimento em meu consultório. Como se não bastasse o convívio com o problema da dependência de benzodiazepínicos de sua mãe, Fernanda, de 14 anos, indagava-me sobre a possibilidade de também utilizar o medicamento.

Bem, quando se trata de problemas do sono, mais especificamente da insônia, antes de prescrever inadvertidamente receitas de medicamentos, devemos conversar, escutar, indagar e investigar as causas do problema. Saber ouvir o paciente será muito importante, pois muitas vezes a solução não dependerá do medicamento utilizado e sim da orientação ofertada à pessoa que procura um médico.

Durante a investigação das causas da suposta insônia de Fernanda, ela me informou que nos últimos meses havia passado muitas horas da noite em frente ao computador, em salas de bate-papo virtual e sites de relacionamento como o Facebook, consumindo bebidas estimulantes como refrigerantes e café para se manter acordada por mais tempo, e dormindo muito durante a tarde, após chegar da escola.

Fernanda deixou o consultório sem receita médica, mas com orientações sobre higiene do sono e dicas específicas para ajudá-la a dormir melhor.

Os calmantes são medicamentos denominados benzodiazepínicos, substâncias sintéticas produzidas em laboratório para fins médicos. Apresentam propriedades químicas que provocam a depressão do sistema nervoso central e são classificados como drogas ansiolíticas-hipnótico-sedativas, ou seja capazes de reduzir a ansiedade, induzir o sono e produzir sedação. Logo, sua utilização clínica é recomendada basicamente para controle da ansiedade e quadros de insônia, e eles devem ser utilizados apenas com recomendação e orientação médica. São considerados excelentes medicamentos, mas, devido à facilidade de obtenção da substância sem o devido controle, diversos adolescentes se tornam usuários e dependentes.

História

Os benzodiazepínicos foram desenvolvidos na década de 1950, sendo o clordiazepóxido o primeiro fármaco isolado. Ele foi sintetizado por acidente durante pesquisas realizadas no Laboratório Roche em 1954 pelo químico austríaco Leo Sternbach. Posteriormente, Sternbach e sua equipe desenvolveram o diazepam, flurazepam, nitrazepam e clonazepam.

Em 1963, o diazepam foi aprovado e comercializado para o tratamento da ansiedade. Em 1965, o nitrazepam foi aprovado para utilização em problemas relacionados ao sono e posteriormente, em 1973, o flurazepam também foi liberado para tratamento dos transtornos do sono.

Durante as décadas de 1970 e 1980, novos compostos foram desenvolvidos e a utilização desses medicamentos tornou-se amplamente difundida em todo o mundo.

O uso sem orientação médica e indiscriminado do medicamento pode levar a intoxicações agudas, podendo o jovem apresentar os seguintes sintomas: sonolência, descoordenação motora, tontura, prejuízo na atenção e memória, fadiga, cansaço, confusão mental, fala pastosa, visão embaçada e até depressão respiratória.

Outros aspectos importantes relacionados com o consumo desses medicamentos são referentes aos efeitos nocivos quando utilizados por mulheres grávidas. Suspeita-se que essas drogas tenham um poder teratogênico, isto é, que sejam capazes de produzir lesões e defeitos físicos no feto em gestação.

Efeitos dos calmantes

- ❏ Sonolência;
- ❏ Descoordenação motora;
- ❏ Tontura;
- ❏ Prejuízo na atenção;
- ❏ Prejuízo na memória;
- ❏ Cansaço;
- ❏ Confusão mental;
- ❏ Fala pastosa;
- ❏ Visão embaçada;
- ❏ Depressão respiratória.

A dependência pode ocorrer após o consumo desordenado do medicamento por períodos variáveis e é caracterizada pelo desejo de consumo da droga e acompanhada de sintomas relacionados à síndrome de abstinência dos benzodiazepínicos: insônia, irritabilidade, inquietação, dificuldade de concentração, agitação, ansiedade, pesadelos, tremores, sudorese, dores musculares, dores de cabeça, náuseas, vômitos, palpitações, alucinações e confusão mental.

CAPÍTULO 15

OUTRAS DROGAS

As drogas a seguir não são menos importantes que as citadas nos capítulos anteriores, entretanto, apresentam seu consumo pouco difundido no Brasil quando comparadas às drogas citadas anteriormente. São drogas consumidas dentro de rituais religiosos, como o chá do Santo Daime, ou de pequeno consumo em grandes centros urbanos, como a ketamina, o GHB e nitratos.

Chá do Santo Daime

O chá do Santo Daime consiste em uma substância alucinógena denominada dimetiltriptamina, ou DMT, extraída das folhas de diversas plantas amazônicas, como a jurema, a chacrona, um arbusto denominado *Psychotria viridis*, o cipó-mariri ou caapi. O chá é consumido durante rituais religiosos do Santo Daime, religião criada pelo brasileiro e neto de escravos Raimundo Irineu Serra, na floresta amazônica, entre o estado do Acre e o Peru, no início do século XX, nas décadas de 1920 e 1930.

Irineu Serra teria supostamente recebido uma "revelação divina" de uma doutrina cristã, por meio da aparição de Nossa Senhora da Concei-ção, após a ingestão de uma bebida consumida há milhares de anos por tribos indígenas amazônicas e chamada pelos incas de *ayahuasca*, ou vinho da alma. A denominação Santo Daime seria a mensa-gem da Virgem Maria referindo-se a "dai-me luz, dai-me paz e dai-me amor", princípios da religião.

A utilização da substância está relacionada com hipertensão arterial, taquicardia, náuseas, vômitos, diarreia, alucinações visuais e auditivas.

Como ocorre com a maioria das substâncias alucinógenas, praticamente não há desenvolvi-mento de tolerância, dependência ou síndrome de abstinência com o cessar do uso.

Chá de lírio ou chá de trombeta

O chá de lírio ou chá de trombeta é uma droga denominada anticolinérgica, devido aos seus efeitos relacionados à ação das substâncias atropina e escopolamina, contidas abundantemente nas sementes e folhas de plantas conhecidas como: trombeta de anjo, lírio, beladona, datura, saia-branca e mandrágora.

Algumas dessas plantas eram amplamente utilizadas na Idade Média como "ervas de bruxaria", devido a seus efeitos anticolinérgicos e crenças de contato com o sobrenatural. A intoxicação é caracterizada por euforia, alucinações, normalmente visões de bichos e animais, experiências de cunho místico, delírios e sensações de perseguição. Outros sintomas frequentemente encontrados são o aumento dos batimentos cardíacos, elevação da pressão arterial, aumento da frequência respiratória, dificuldade para urinar e evacuar, boca seca, visão turva e midríase (pupilas dilatadas). Doses elevadas podem ainda provocar convulsões, confusão mental e aumento da temperatura corporal.

Chá de cogumelo

O chá de cogumelo é uma droga que contém a psicocibina, uma substância alucinógena com efeitos semelhantes ao encontrado no LSD. Os cogumelos ricos em psicocibina têm sido utilizados há centenas de anos por diversas civilizações indígenas para alteração de estados de consciência durante rituais religiosos, e crescem nas fezes de bovinos, em pastos e campos gramados. No Brasil, existem pelo menos duas espécies de cogumelos alucinógenos, o *Psilocybe cubensis* e o *Paneoulus*. Os cogumelos são normalmente comidos crus ou cozidos e servidos em chás, e produzem efeitos alucinógenos visuais com intensificação de cores e sons, sensação de euforia, prazer e risadas imotivadas. Os sintomas duram em torno de cinco horas e os cogumelos são utilizados por diversas "tribos" de jovens, principalmente por hippies e membros de comunidades autodenominadas "alternativas e naturais".

O uso desses cogumelos pode ocasionar dores estomacais, vômitos, diarreia, confusão mental, ansiedade e ataques de pânico. Assim como toda droga alucinógena, esses cogumelos são capazes de desencadear surtos psicóticos, com sintomas semelhantes a quadros de esquizofrenia, principalmente naqueles usuários predispostos geneticamente.

Ketamina

A ketamina, também conhecida como Special K, é um anestésico de uso veterinário e humano que apresenta características alucinógenas. Sua apresentação é líquida, e a droga é misturada a bebidas alcoólicas em festas rave e comumente utilizada para estupro ou roubo das vítimas do golpe "boa noite Cinderela", pois os usuários da droga experimentam sensações de sedação, sonolência, lentificação dos movimentos, imobilidade e paralisia corporal com duração de minutos a poucas horas.

Outros sintomas observados são relatos de experiências espirituais e sensações de "sair do próprio corpo", euforia, ansiedade, alucinações, delírios de caráter persecutório, náuseas, vômitos e prejuízo da memória. A intoxicação por ketamina pode causar parada respiratória, falência cardiovascular, lesão cerebral e morte.

GHB

O GHB ou ácido gama-hidroxibutírico é uma substância sedativa com apresentações líquidas (líquido transparente como água) ou em pó. Conhecido também como ecstasy líquido, sua utilização é mais frequente em casas noturnas e, principalmente, em festas rave.

Seus efeitos são semelhantes à intoxicação por álcool e caracterizam-se por euforia, desinibição comportamental e relaxamento muscular. Doses mais elevadas ou associação ao álcool podem provocar overdose, com depressão respiratória, tonturas, diminuição do nível de consciência, náuseas, vômitos, ansiedade, tremores, alucinações, diminuição dos batimentos cardíacos, descoordenação motora, sedação profunda, coma e morte.

Nitratos

O óxido nitroso é um gás alucinógeno, também conhecido como gás hilariante, e quando inalado é capaz de provocar euforia, sedação leve, diminuição da coordenação motora, alucinações visuais e auditivas, analgesia (diminuição da dor), náuseas, vômitos, dor de cabeça e irritação das vias respiratórias. Devido às baixas temperaturas com que o gás sai do tanque reservatório podem ser observadas queimaduras de pele, lábios e garganta nos usuários.

Seus efeitos têm menos de um minuto de duração, mas a perda de coordenação motora provocada pela substância pode provocar acidentes graves como traumatismos cranianos por quedas da própria altura.

PARTE III

PROGRAMA DE PREVENÇÃO ESCOLAR AO USO DE DROGAS

CAPÍTULO 16

GUIA DOS PAIS: 17 REGRAS QUE TODOS OS PAIS DEVEM SABER

O conceito primário de prevenção está ligado à educação emocional e à saúde do sistema familiar e escolar. Basicamente, pode-se dizer que o programa de prevenção ao uso de álcool e outras drogas deve se iniciar ainda na infância, pois cada vez mais observamos o início precoce do envolvimento com drogas de abuso nessa faixa etária.

Envolver toda a comunidade é fundamental para o sucesso do programa, que deverá contar com a orientação de pais, professores, diretores, coordenadores pedagógicos, funcionários da escola, amigos, vizinhos, familiares e profissionais da saúde escolar, como psicólogos, fonoaudiólogos, assistentes sociais, psicopedagogos, terapeutas ocupacionais, entre outros.

O acesso à informação através de palestras, reuniões, encontros, discussões, literatura com informações médico-científicas a respeito das drogas, é peça fundamental, um grande alicerce para desmistificar a questão das drogas e desta maneira diminuir preconceitos para facilitar o entendimento do problema.

A prevenção ao uso das drogas deve ser a principal prioridade, mas caso essa estratégia falhe e o jovem esteja utilizando essas substâncias, a busca por ajuda médica especializada deve ser realizada o mais precocemente possível.

O objetivo deste capítulo é orientar os pais sobre como se informar e prevenir que seus filhos se tornem usuários de drogas. Devo informar ao leitor que este guia não é uma "receita de bolo" com a solução mágica e perfeita para evitar que seu filho se envolva com as drogas, entretanto, traz ferramentas importantes para ajudá-los nessa árdua tarefa de orientação e criação.

Descrevo a seguir as 17 regras dos pais para prevenção ao uso de álcool e outras drogas:

1) Não use drogas

A primeira regra dos pais parece óbvia, mas constantemente me deparo no consultório médico com jovens que simplesmente ridicularizam os pedidos de seus pais para pararem de utilizar drogas pelo simples rato de que seus pais fazem uso, na maioria das vezes, de tabaco, álcool ou medicamentos como calmantes. Como pedir para um filho não usar drogas se o próprio pai o faz?

2) Conheça o inimigo

O segundo passo para um correto e eficaz trabalho de prevenção ao uso de drogas é a informação dos pais com relação ao problema das drogas. Afinal, como os pais podem convencer um filho ou filha pré-adolescente de que as drogas fazem mal se eles nem sabem exatamente o que é aquela determinada substância?

Logo, essa é a segunda regra. Leia tudo o que puder sobre cada uma das drogas de abuso. Quando digo "ler tudo o que puder" me refiro à leitura de textos científicos ou textos escritos por profissionais qualificados que realmente conhecem o assunto, pois é corriqueira a existência de "literaturas pró-drogas" facilmente adquiridas na internet, por exemplo, e que tentam de maneira falsa influenciar os jovens com propagandas do tipo: "maconha é uma erva natural" ou o "ecstasy é a pílula da felicidade".

Saiba o que é a droga, os locais e ambientes onde podem ser compradas e consumidas pelos jovens, seus sinais e efeitos no organismo, suas consequências e riscos a curto, médio e longo prazo.

3) Seja amigo de seu filho

O significado de amizade, segundo o Dicionário Aurélio, é: "sentimento fiel de afeição, apreço, estima ou ternura entre pessoas". Portanto, seja amigo e esteja sempre presente na vida de seu filho. Converse, brinque, pratique esportes, passeie com ele, discuta problemas, busque soluções sobre os mais diversos assuntos.

Pesquisas demonstram que um bom relacionamento entre pais e filhos é um importante fator protetor em relação ao uso de drogas e que o envolvimento parental na compreensão e conscientização sobre o problema é de extrema importância para a prevenção. Nesse sentido posso afirmar que uma das funções da família é dialogar, esclarecer dúvidas, ensinar limites e ajudar a criança ou o adolescente a lidar com frustrações. Crescendo em um ambiente acolhedor e com regras claras, esses jovens tendem a se tornar mais seguros e menos propensos ao envolvimento com álcool e outras drogas.

4) Converse sobre as drogas

Essa regra se refere ao fato de que, mantendo um diálogo franco e aberto sobre o problema das drogas com seu filho, as chances de um resultado eficaz na prevenção às drogas são maiores.

Converse com seu filho sobre o que são as drogas, seus efeitos no organismo, suas consequências negativas e riscos. Esclareça dúvidas, discuta, argumente e busque respostas com ele. Nesse momento, o vínculo familiar e um bom relacionamento entre pais e filhos são muito importantes.

Claro que argumentos simplistas que comumente vemos em programas e anúncios de televisão — do tipo "drogas, tô fora", "drogas, nem morto", "cigarro mata" — não surtem efeito nos jovens. É preciso um diálogo amplo, e é necessário que os pais falem, sem preconceito ou hipocrisia, dos efeitos nocivos da droga, mas também sobre seus efeitos prazerosos. Se você adotar um discurso arrogante e simplista, seu filho não se sentirá sensibilizado, de forma que esse discurso errático se torne um forte argumento para a experimentação da droga pelo jovem.

Enquanto os pais adotam um discurso confuso, o filho está sendo bombardeado por convites de amigos da escola para que experimente cerveja na festa do fim de semana, por exemplo.

Se os pais, ao explicarem os malefícios relacionados às drogas, não informarem sobre as possíveis sensações prazerosas iniciais do uso da substância, como bem-estar, descontração, desinibição, entre outras, o filho pode fazer o uso, pressionado pelos amigos, e adotar um discurso do tipo: "Estão vendo, meu pai só fala besteira. Fala que bebida não é bom, que faz mal! Bebi ontem e fiquei alegrão, feliz da vida!"

Portanto, converse com seu filho de maneira franca, livre de preconceitos ou hipocrisia, seja assertivo e enfático em suas colocações, mas não se esqueça de que não há como mantê-lo em uma redoma de vidro.

Lembre-se: o convite às drogas existirá a todo momento, seja na escola, na rua, no clube, nas festas, na internet ou em qualquer outro ambiente social do qual o jovem participe.

5) Observe sua própria atitude e comportamento

Essa regra se refere ao fato de que muitos pais se esquecem que é durante os primeiros anos de vida de seus filhos que conceitos éticos e morais são formados.

Logo, é de grande importância que os pais observem seus comportamentos e atitudes, pois os valores de seus filhos estão sendo formados das observações e vivências que fazem do mundo em que estão inseridos, sua casa e sua família.

6) Pratique a religião ou espiritualidade

De fato, a religião ou espiritualidade é um importante fator protetor ao uso e abuso de drogas. Diversos estudos apontam que crianças e adolescentes inseridos em lares nos quais existe algum tipo de prática religiosa ou espiritual estarão mais protegidos do envolvimento com drogas e possivelmente serão mais habilidosos socialmente para dizer "não" a essas substâncias.

7) Monitore as amizades

Em menos de 20% dos casos a criança ou adolescente terá sua primeira experiência com drogas através do traficante. Isso significa que na maioria das vezes a experimentação de drogas ocorrerá através de amigos, colegas de escola, vizinhos ou irmãos e primos mais velhos.

Portanto, conheça os amigos de seu filho, convidando-os para almoçar em sua casa ou para um passeio, por exemplo. Caso desconfie que um deles esteja envolvido com drogas, investigue e, se confirmado, converse com os pais do jovem e oriente seu filho sobre o problema.

8) Pratique esportes com seu filho

A prática esportiva por si só é um grande fator protetor ao uso de drogas. Conceitos de disciplina, regras, respeito, hierarquia, companheirismo, organização, liderança, cooperação e trabalho em equipe são formados, além de o esporte colaborar na melhoria da autoestima da criança e na formação de conceitos éticos e morais.

Praticando esportes ao lado de seu filho, seus laços afetivos irão se tornar mais fortes e isso irá favorecer os esforços para mantê-lo longe das drogas.

9) Ensine técnicas de recusa às drogas

Ensine seu filho a dizer "não" às drogas. Informe que ele tem o direito de não aceitar o convite ao álcool e às drogas e que isso significa que ele tem sua própria individualidade e personalidade.

Explique que ele não será menos importante ou "careta" por esse motivo, e caso os amigos continuem insistindo para o uso, diga que talvez eles não sejam bons amigos. Amigos de verdade sabem respeitar sua decisão e sua individualidade. Ajude seu filho a evitar situações de risco, como frequentar festas em que a faixa etária é maior do que a idade dele.

10) Fortaleça a autoestima de seu filho

Baixa autoestima é uma das principais características de crianças e adolescentes que se envolvem com drogas. Portanto, ajude a criar uma boa autoestima em seu filho exercendo um reforço positivo às suas atitudes, com elogios, carinho e atenção. Nunca diga coisas do tipo "Você não faz nada certo" ou "Você é pior que todo mundo na escola".

11) Pai e mãe devem falar a "mesma língua"

É essencial que ambos os pais concordem na maneira de agir e lidar com a questão das drogas, quando o assunto principal é a saúde de seu filho ou filha.

O problema das drogas está mais presente entre filhos de pais que divergem na maneira de lidar com situações problemáticas do dia a dia. Logo, é de grande necessidade que pai e mãe cooperem e concordem na maneira de educar seus filhos. As divergências expõem fraquezas, falta de comando e descontrole, permitindo assim que o filho manipule os pais da maneira que melhor lhe convém a cada momento.

12) Participe de ações comunitárias

Envolva-se em atividades da vizinhança, do condomínio, da comunidade. Participe de reuniões escolares e palestras ou programas de prevenção ao uso de drogas na comunidade.

Crie comitês antidrogas no condomínio, auxilie a escola na criação de projetos educacionais de prevenção, denuncie e pressione estabelecimentos comerciais que vendem bebidas alcoólicas e cigarros a menores de idade.

13) Estabeleça regras e limites

Lares nos quais as regras são claras e objetivas facilitam a convivência saudável entre pais e filhos. Crianças necessitam de regras muito bem-estabelecidas para estruturar suas vidas, portanto os pais devem conversar entre si e dialogar com seus filhos, estabelecendo regras, limites e consequências de mau comportamento ou desobediência.

Além disso, a formação de conceitos éticos e morais, estabelecendo regras claras e objetivas, favorece a formação de habilidades sociais importantes na criação do caráter e serão conceitos utilizados pelo jovem por toda sua vida.

14) Esteja atento às mudanças da adolescência

A adolescência é uma fase de grandes mudanças físicas e comportamentais, logo, esteja preparado para novos desafios e dificuldades na criação de seus filhos. Situações conflituosas, brigas, novas exigências, novas amizades e afastamento da família podem ocorrer. Não existe uma "receita de bolo" para lidar com tais mudanças, mas um bom conselho é estar atento às regras supracitadas.

15) Atenção à saúde mental da criança e do adolescente

Grande parte das crianças e jovens que se envolvem com drogas apresenta transtornos comportamentais da infância como depressão, quadros ansiosos, transtornos disruptivos, como o transtorno desafiador opositivo, o transtorno de conduta ou o transtorno de déficit de atenção/hiperatividade.

No caso de prejuízos acadêmicos e de relacionamentos sociais, procure orientação de um médico psiquiatra infantil para avaliação comportamental completa. Na maioria das vezes uma intervenção precoce pode exercer importante papel preventivo ao uso de drogas na adolescência.

16) Não estimule a "iniciação" dentro de casa

Outra consideração importante a ser feita é observar que uma grande parcela dos jovens inicia seu consumo alcoólico dentro do ambiente doméstico. Trata-se daquele filho que experimenta o primeiro copo de cerveja com o pai e posteriormente sairá para beber com o mesmo.

Hoje sabemos que, quanto mais precoce é o início do consumo, maiores serão as chances de um envolvimento problemático com o álcool ou outras drogas. Portanto, nunca é demais afirmar que o consumo de álcool é proibido para menores de 18 anos e o exemplo de respeito às leis deve vir de casa.

17) Proíba o uso de drogas

Por fim, e não menos importante, devo dizer que o uso de drogas não pode ser tolerado em hipótese alguma. Muitas vezes me deparo com pais que adotam a política de "redução de danos": "Prefiro dar o dinheiro para ele comprar a maconha do que deixar que ele roube e seja preso."

Parece que os próprios pais já estão "doentes" com a evolução do problema do filho. Outros ainda afirmam que permitem o uso da droga dentro de casa para "protegê-lo" da polícia! Essa postura supostamente protetora de muitos pais apenas colabora para um uso cada vez mais problemático das drogas por seus filhos!

É extremamente importante que o uso de qualquer tipo de droga seja proibido pelos membros da família, seja em casa, na casa de amigos ou em qualquer outro lugar. Obviamente a criança

deverá ser informada das razões para tal proibição, e nesse caso os pais deverão seguir as regras
supracitadas, como explicar o que são as drogas e
responder a todos os "porquês".

CAPÍTULO 17

GUIA DOS PROFESSORES: 12 REGRAS QUE TODOS OS PROFESSORES DEVEM SABER

O objetivo deste capítulo é orientar professores em como obter informação e prevenir que seus alunos se tornem usuários de drogas. Descrevo a seguir as 12 regras dos professores para prevenção ao uso de álcool e outras drogas:

1) Estude sobre as drogas

Conhecer esse inimigo deve ser o primeiro passo do professor que deseja ajudar no árduo trabalho de prevenção ao uso de álcool e de outras drogas por seus alunos. Conheça tudo sobre elas e esteja preparado para responder sobre as mais diversas perguntas de seus alunos sobre o tema.

MANUAL ANTIDROGAS

Lembre-se de que você é um grande exemplo para os seus alunos, e, caso não esteja preparado para abordar o assunto, isso poderá transparecer como uma fraqueza e os estudantes se sentirão inseguros em debater essas questões com você.

Outro aspecto importante dessa preparação é que muitas dúvidas de seus alunos serão questões consideradas polêmicas pelos jovens, como: "'Maconha não faz mal à saúde, relaxa', é verdade?"

Portanto, amigo professor, capacite-se, estudando bastante o tema.

2) Esteja envolvido com um programa educacional preventivo

O programa educacional preventivo é uma forma eficaz de prevenção ao uso de álcool e drogas que pode e deve ser realizado nas escolas. Esse programa pode ser implementado desde o jardim da infância até o final do ensino médio e baseia-se na aplicação de aulas, leituras, filmes, grupos de estudo e apresentações individuais em que o tema das drogas é abordado continuamente na escola.

Além disso, palestras e debates direcionados aos professores, pais e alunos com educadores, médicos, psicólogos, advogados, conselheiros, policiais, líderes comunitários e demais especialistas na área da dependência química mostram-se essenciais para a abordagem do tema sob diferentes aspectos e pontos de vistas.

O objetivo do programa é orientar, informar e mostrar o "mundo das drogas" para os alunos, seus familiares e profissionais da educação com a intenção de formar opiniões favoráveis ao trabalho de prevenção pelas crianças e adolescentes inseridos no ambiente escolar.

Essas atividades precisam ocorrer continuamente durante todo o ano letivo e envolver professores, orientadores, pais e alunos, pois apenas dessa maneira surtirá um efeito positivo de prevenção.

3) Seja habilidoso na comunicação

Saiba conversar com seus alunos de maneira amigável, mostre-se empático, para que o ambiente escolar seja positivo e agradável. Os estudantes precisam se sentir seguros para compartilhar experiências com você e com o grupo de colegas.

Evite posturas autoritárias, aplicações de "sermões", ou ameaças de punições. Esses comportamentos prejudicam a relação professor-aluno,

MANUAL ANTIDROGAS

dificultam a interatividade em sala de aula e aumentam a possibilidade de comportamentos opositivos, desafiadores, desmotivando e muitas vezes promovendo o abandono dos estudos.

4) Ajude a construir a autoestima dos alunos

Crianças e adolescentes com baixa autoestima apresentam maiores chances de se envolver com drogas, portanto, a figura dos professores é importantíssima para a "proteção" desse estudante.

Faça um reforço positivo ao aluno, elogiando, estimulando e incentivando, mesmo quando o desempenho está abaixo do esperado. Quando precisar criticar, evite expor o aluno diretamente à turma, converse separadamente, seja enfático, mas amigável.

5) Não tolere atos de bullying

O bullying também pode colaborar para um prejuízo na autoestima do aluno e favorecer o envolvimento do jovem com as drogas. Não é demais frisar que é dever do professor zelar pelo ambiente positivo e acolhedor dentro da escola!

6) Fique atento aos transtornos comportamentais infantis

Uma vez que os transtornos comportamentais na infância e adolescência estão presentes em até 89% dos adolescentes envolvidos com drogas, fique atento, e na presença de prejuízos acadêmicos e de relacionamento social de seu aluno, encaminhe-o para uma avaliação comportamental completa, com um médico psiquiatra infantil.

7) Ensine sobre as "pressões" da juventude

A "pressão" que adolescentes vivenciam para serem aceitos em determinados grupos é corriqueira e essa influência é determinante em sua maneira de agir, pensar, falar, se vestir e se comportar, por exemplo.

Essa "pressão" para ser aceito pode ser positiva (para tirar boas notas no colégio, praticar esportes e se tornar membro da equipe da escola) ou negativa ("matar" aula, fumar cigarro, beber cerveja no boteco após a aula, depredar patrimônios públicos ou furtar objetos em lojas). Portanto, cabe a você, professor, orientar seus alunos sobre a importância da individualidade e saber diferenciar a "pressão positiva" da "pressão negativa" exercida pelos amigos e colegas.

8) Comportamento assertivo

Para saber dizer "não", o estudante precisa ser assertivo em suas colocações. Desta forma, poderá mostrar a outros jovens que não precisa usar drogas para ser feliz ou para fazer parte de um determinado grupo de alunos. O aluno poderá ser afirmativo em suas colocações, fazendo valer seus interesses, sem prejudicar ou agredir os colegas e colocando em prática sua individualidade.

Esse tipo de comportamento assertivo poderá ser ensinado por você, professor. Mostre a importância de ser enfático, educado, para exercer seus direitos, sem agredir outro colega nem acatar ordens indesejadas de outros alunos apenas para ser supostamente aceito pelo grupo.

Ninguém é obrigado a fazer nada contra a vontade e uma recusa não o fará melhor ou pior do que os outros.

9) Aulas sobre drogas

Existem inúmeras maneiras de trazer o assunto drogas para dentro da sala de aula. O ideal é que isso ocorra frequentemente para que, aos poucos, seja formado um pensamento corrente de que drogas fazem mal e que a prevenção é muito importante.

Cada professor pode abordar o tema de formas diferentes e utilizando a própria disciplina em que trabalha. Por exemplo, o professor de matemática pode abordar o tema falando sobre o gasto financeiro desnecessário com cerveja ou cigarro de um usuário adolescente e o montante astronômico gasto após um ano de uso da droga. O professor de biologia e ciências pode falar sobre os efeitos biológicos deletérios da droga no cérebro humano, enquanto o de história pode falar das personalidades importantes que perderam suas vidas para as drogas.

O apelo emocional e simbólico de ícones e ídolos da juventude podem sensibilizar bastante crianças e adolescentes. Astros da música brasileira e internacional ou ídolos dos esportes que morreram vítimas das drogas podem ser bons exemplos para valorizar a importância do problema.

Nas aulas de geografia ou geopolítica podem ser abordados, por exemplo, os prejuízos econômicos gerados à nação e a todos nós, devido às drogas, além de sua relação com a violência urbana, criminalidade, pobreza, prostituição infantil, corrupção, o abandono escolar, desemprego e outras infinitas questões. Em português, a análise de textos sobre o tema pode ser interessante.

Enfim, existem inúmeras maneiras de trazer e abordar o assunto "drogas" para a pauta escolar. Nos Estados Unidos, por exemplo, já existem disciplinas escolares que tratam exclusivamente desse tema.

10) Grupos de estudo e discussões

A formação de pequenos grupos de estudo, contando com cinco ou seis alunos, é uma importante ferramenta para o trabalho de prevenção às drogas. Cada grupo pode discutir diferentes aspectos ligados às drogas, como: definição do que são as drogas, quais são os efeitos, consequências, prejuízos e peculiaridades de cada uma.

O aluno deve ser estimulado a falar, discutir, pensar, racionalizar, criticar e questionar. O objetivo do trabalho será formar opiniões pessoais.

Alguns trabalhos em determinadas escolas não surtem efeitos, pois, muitas vezes, convivemos com instituições que "emburrecem" seus estudantes. Escolas do tipo "fábricas de decorar" ou "indústrias de vestibulandos" colaboram para a formação de adultos imaturos, inábeis socialmente e sérios candidatos a se tornar usuários de drogas.

A escola deve ser um ambiente no qual o jovem seja estimulado a pensar e raciocinar para depois agir tendo convicções e opiniões próprias, comportando-se assim de maneira habilidosa, consciente e responsável.

11) *Role playing*

O *role playing* é uma técnica psicodramática que utiliza o teatro como ferramenta. Os estudantes tentam vivenciar em cena questões problemáticas que ocorrem na vida real.

Logo, situações de como dizer "não" à experimentação da droga, ser assertivo nas colocações, resolver problemas, buscar soluções e alternativas ao uso de álcool e outras drogas podem ser encenadas e discutidas após o término do exercício. Os próprios alunos devem ser os escritores, roteiristas, diretores e atores.

Após o término da apresentação, todos os alunos, plateia e atores, devem discutir e questionar o que foi apresentado, pensar em soluções alternativas, ajustando a situação representada à sua realidade pessoal, expor dúvidas e debater o tema.

12) Realmente eduque seus alunos

Educar, segundo definição do Dicionário Aurélio, é "promover o desenvolvimento da capacidade intelectual, moral e física de alguém ou de si mesmo".

Portanto, amigo professor, fica claro que educar é muito mais do que ensinar a decorar tabuadas, equações do segundo grau ou conhecer os mártires da Inconfidência Mineira e da Revolução Francesa. Educar é ensinar a pensar, discutir, questionar, duvidar, raciocinar e, desta maneira, formar opiniões.

Esse treinamento diário em sala de aula, mesmo que não esteja ligado diretamente ao tema das drogas, já é um mecanismo e uma ferramenta importantíssima para o combate, pois cria habilidades sociais e intelectuais importantes para que o jovem saiba diferenciar o certo do errado e tome suas decisões de forma assertiva e responsável.

CAPÍTULO 18

COMO SABER SE MEU FILHO OU ALUNO ESTÁ USANDO DROGAS?

Essa é, provavelmente, uma das grandes perguntas que todos os pais devem se fazer quando percebem que há algo diferente no comportamento dos filhos. Mas o que exatamente podemos supor que apareça quando a droga está entrando na vida de uma criança ou adolescente? Quais são os sinais de alerta ou pistas que podem auxiliar pais e professores na identificação desse problema?

Não existem regras, mas em geral são observadas algumas mudanças comportamentais comuns entre jovens que iniciam o uso de drogas. É importante enfatizar que a suspeita ocorrerá na

MANUAL ANTIDROGAS

presença de vários comportamentos, além da presença, logicamente, de prejuízos acarretados por essas mudanças.

Uma das primeiras observações são alterações de personalidade e de humor. O adolescente pode passar a se apresentar constantemente irritado, com baixo limiar de frustração e impulsivo. Sintomas disruptivos como quebra de regras, brigas frequentes com pais, comportamento irresponsável acompanhado de falta de motivação pelas atividades e baixa autoestima também ocorrem frequentemente.

Na escola, pode haver perda de interesse, queda de rendimento escolar, atitude negativista, atrasos e faltas injustificáveis, problemas de disciplina, envolvimento com colegas usuários de drogas, grande mudança na aparência física, vestimentas e apresentação pessoal.

Sintomas físicos como fadiga, problemas de sono, dores de cabeça, enjoos, mal-estar, além de perda de cuidados com higiene pessoal ou abandono dos esportes também podem ser sinais sugestivos.

Fatores associados ao uso de álcool e outras drogas:

❑ Adolescência;

❑ Pais usuários de drogas e álcool;

❑ Atividades delinquenciais;

❑ Baixa religiosidade;

❑ Depressão;

❑ Baixa autoestima;

❑ Transtorno desafiador opositivo;

❑ Transtorno de conduta;

❑ Transtorno de déficit de atenção/hiperatividade;

❑ Fácil acesso às drogas ilícitas;

❑ Inicialização precoce ao consumo de cigarro e álcool;

❑ Amigos que consomem álcool, tabaco ou maconha;

❑ Baixo desempenho acadêmico;

❑ Ambiente doméstico conturbado;

❑ Problemas de hierarquia em casa.

Fatores de proteção ao uso de álcool e outras drogas:

❑ Rede de apoio familiar saudável;

❑ Boa relação entre pais e filhos;

❑ Adolescentes "amigos" dos pais;

❑ Monitoramento em vez de controle rígido e autoritário;

- Religiosidade;
- Boa autoestima;
- Ausência de transtornos comportamentais infantis;
- Bom desempenho acadêmico;
- Evitação de amigos usuários de drogas;
- Boa rotina esportiva e acadêmica;
- Equilíbrio entre afeto e limite no ambiente doméstico.

A seguir, são enumeradas 32 perguntas que todos os pais, familiares, amigos e professores devem responder sobre o comportamento atual do adolescente. Elas podem servir de pistas na investigação de um possível envolvimento com álcool e outras drogas, uma vez que diversas mudanças físicas e comportamentais frequentemente são observadas entre jovens que estão fazendo uso de drogas.

Vale a pena lembrar que estas mudanças não são regra para todos e não significam necessariamente que o jovem esteja envolvido com drogas, mas servem de alerta para uma possível investigação de seu comportamento.

32 perguntas que todos os pais e professores devem responder

1) O jovem deixou de cuidar de sua aparência pessoal e de seus hábitos de higiene?

2) Utiliza roupas com slogans de apologia às drogas?

3) Escuta músicas ligadas ao tráfico ou de apologia às drogas?

4) Fala que fumar maconha ou beber não faz mal à saúde?

5) Está fumando cigarro?

6) Está chegando bêbado em casa?

7) Está frequentando festas rave?

8) Está dirigindo bêbado?

9) Anda mentindo, roubando ou enganando outras pessoas?

10) Tem se envolvido em brigas?

11) Tem entrado em atrito familiar constantemente?

12) Apresenta-se agressivo, revoltado ou nervoso?

13) Apresenta fala arrastada?

14) Retorna para casa com os olhos avermelhados?

15) Fica acordado a madrugada toda, dormindo durante o dia?

16) Nega-se a dar informações sobre aonde vai e com quem?

17) Tem vendido objetos pessoais?

18) Itens de valor desapareceram de sua residência?

19) Trocou de grupo de amigos?

20) A maioria de seus amigos são usuários de drogas?

21) Antigos amigos mostram-se preocupados com seu comportamento?

22) Tem apresentado prejuízos acadêmicos?

23) Tem "matado aula"?

24) Tem apresentado problemas com professores e coordenadores da escola?

25) É suspenso das aulas com frequência?

26) Abandonou os estudos?

27) Abandonou os esportes?

28) Tem se isolado de todos?

29) Apresenta-se sem motivação para fazer nada?

30) Apresenta mudanças súbitas de humor?

31) Apresenta-se deprimido?

32) Tem falado em suicídio?

PARTE IV

TRATAMENTO

CAPÍTULO 19

MEU FILHO ESTÁ USANDO DROGAS, E AGORA?

Se você desconfia que seu filho está usando drogas, o primeiro passo é tentar conversar com ele e investigar se sua preocupação procede. Caso o jovem confirme o uso, pedindo ajuda, ou caso negue, mas inúmeros indícios sugiram um problema com drogas, procure um médico psiquiatra especialista em dependência química que seja de sua confiança para uma avaliação comportamental completa.

Nessa avaliação comportamental o adolescente deverá ser analisado de uma maneira global, tentando identificar todos os sintomas suspeitos de envolvimento problemático com álcool e outras drogas, além de uma investigação de outros transtornos comportamentais que podem estar presentes. Testagens laboratoriais para drogas de abuso podem ser solicitadas durante a investigação.

Caso seu filho tenha utilizado uma droga, isso não significa necessariamente que ele seja um dependente químico. Ele pode estar realizando um uso abusivo da substância, ainda sem um prejuízo muito significativo; logo, quanto mais precocemente descoberto o problema, mais fácil será o tratamento e maiores serão as chances de recuperação do jovem.

Quais são as opções de tratamento?

Na verdade, a definição da melhor estratégia de tratamento dependerá de uma série de fatores que deverão ser investigados pelo médico. O tipo ou tipos de drogas utilizadas, padrão de uso, quantidade de droga consumida, frequência do uso, forma de administração da substância, tempo de utilização, prejuízos sociais, ocupacionais e acadêmicos acarretados, grau de consciência do problema, comprometimento e adesão do jovem e de sua família ao tratamento são apenas alguns fatores importantes a serem investigados antes da escolha da melhor terapêutica.

A determinação do programa de tratamento junto ao paciente com a explicação científica do transtorno, suas implicações na saúde física e mental, prejuízos sociais e acadêmicos existentes e a formulação de metas a serem atingidas deve ser explicada com clareza.

Será também de fundamental importância a participação da família para a adesão do jovem ao tratamento. Todas as estratégias terapêuticas buscam o desenvolvimento de habilidades sociais que possam ajudar o paciente e sua família na solução de problemas e na prevenção de recaídas.

A busca pela abstinência, a retomada dos estudos e do trabalho, o lazer, a prática esportiva e a melhoria das relações interpessoais devem ser abordados. Adolescentes abstinentes experimentam diminuição de conflitos pessoais, melhora acadêmica e melhora no envolvimento social e ocupacional.

A seguir, descrevo as principais estratégias terapêuticas utilizadas no tratamento de usuários de drogas.

Internação

A internação em clínicas especializadas no tratamento para problemas relacionados ao álcool e drogas pode ser uma opção terapêutica, embora nem sempre seja necessária. Essa internação dependerá de uma série de fatores e comumente são realizadas internações de curto prazo a fim de se evitarem crises de abstinência ou episódios de recaídas, muito frequentes no início da terapêutica.

A internação temporária para desintoxicação e formação de vínculo com os diversos profissionais envolvidos, como médico psiquiatra, clínico geral, psicólogo, terapeutas em dependência química e de família pode ser uma boa alternativa para o início do tratamento, mas a decisão pela internação deve ser tomada em conjunto entre a equipe terapêutica e a família.

Medicação

A medicação pode ser uma ferramenta necessária no tratamento do usuário de drogas, uma vez que uma grande parcela desses jovens apresenta transtornos comportamentais associados, ou sintomas físicos e psicológicos decorrentes do uso de drogas, ou ainda da síndrome de abstinência provocada no organismo.

É muito importante enfatizar que os pais não devem oferecer medicamentos a seus filhos sem a prescrição e orientação de um médico especialista em dependência química.

Basicamente posso destacar quatro classes de medicamentos:

Antidepressivos: são medicamentos utilizados para o tratamento de episódios depressivos e transtornos ansiosos associados. Os mais utilizados são os inibidores seletivos da recaptação de serotonina, como a fluoxetina, sertralina, paroxetina, citalopram, escitalopram e a venlafaxina.

Estabilizadores do humor: são medicamentos utilizados para o tratamento de transtorno bipolar do humor e quadros de impulsividade. Os mais utilizados são o divalproato de sódio, carbonato de lítio, carbamazepina, oxcarbazepina, lamotrigina, gabapentina e topiramato.

Benzodiazepínicos: são medicamentos utilizados para o tratamento de transtornos de ansiedade, insônia, agitação e sintomas de abstinência de drogas. Os mais utilizados são alprazolam, clonazepam, diazepam, lorazepam, bromazepam, midazolam, flurazepam e clordiazepóxido.

Neurolépticos ou antipsicóticos: são medicamentos utilizados para o tratamento de transtornos psicóticos como esquizofrenia, transtornos psicóticos induzidos pelo uso das drogas de abuso, quadros confusionais desencadeados pela síndrome de abstinência de drogas ou sintomas de agitação motora, inquietação, nervosismo e agressividade. Os mais utilizados são haloperidol, risperidona, aripiprazol e quetiapina.

Além das medicações citadas anteriormente existe uma série de medicamentos utilizados para tratamentos específicos, dependendo da droga de abuso utilizada. Dependentes do tabaco, por exemplo, podem beneficiar-se da utilização de repositores de nicotina sob a forma de adesivos ou goma de mascar, enquanto dependentes de opioides devem realizar um esquema de "wash out", ou retirada gradual da droga, substituindo-a por dosagens inferiores de metadona até a abstinência total. No alcoolismo contamos, por exemplo, com o naltrexona, o acamprosato e o dissulfiram, medicamentos utilizados especificamente para o tratamento da dependência de álcool.

Terapia cognitivo-comportamental

A terapia cognitivo-comportamental é uma modalidade terapêutica amplamente utilizada em todo o mundo para o tratamento de diversos transtornos comportamentais, inclusive o uso abusivo e a dependência de drogas entre adolescentes.

Trata-se de um conjunto de técnicas que se caracterizam por serem estruturadas, objetivas e práticas. As técnicas são desenvolvidas segundo estudos, teorias e princípios do comportamento humano, e visam modificar pensamentos, crenças, valores e atitudes ligados aos conceitos que levam ao abuso de substâncias, proporcionando uma modificação duradoura nos comportamentos relacionados ao seu consumo.

Segundo estudos internacionais, a terapia cognitivo-comportamental, juntamente com a entrevista motivacional, representa o que há de mais moderno no tratamento de usuários de álcool e outras drogas, pois apresenta os melhores resultados terapêuticos, além de suas técnicas serem flexíveis aos diversos componentes envolvidos nas diferentes drogas de abuso.

Entrevista motivacional

A entrevista motivacional representa a vanguarda do tratamento do uso e da dependência de drogas, pois envolve a utilização de modernas técnicas que visam o desenvolvimento de motivação para mudança, ao se trabalhar a resolução da ambivalência em relação a mudar ou não o comportamento.

Logo, essas técnicas se destinam a jovens inseguros e indecisos sobre a necessidade de cessação do consumo de drogas. Esse comportamento ambivalente quanto à necessidade de mudanças é muito comum entre estudantes usuários de drogas e as técnicas de entrevista motivacional são aliadas poderosas para colocar e manter o jovem em tratamento.

Psicoterapia de grupo

A terapia de grupo envolve um conjunto de técnicas terapêuticas utilizadas com um grupo de pacientes. Trata-se de uma excelente ferramenta terapêutica para o trabalho com jovens e adolescentes, pois estes irão se tornar mais confiantes expondo seus pensamentos e questões perante outros estudantes com problemas semelhantes, favorecendo uma identificação etária natural e saudável.

Logicamente, o profissional deverá ser muito habilidoso, pois lida com diferentes jovens, que apresentam problemas, pensamentos, queixas, interesses e opiniões conflitantes.

A psicoterapia de grupo tem a capacidade de promover identificação entre os adolescentes, assim como de ofertar apoio, informação, debates, confrontos de opiniões e desenvolver os conceitos de mudança de atitude perante o álcool e outras drogas.

Um dos objetivos da psicoterapia de grupo é oferecer a possibilidade de substituição da identificação do jovem com o grupo de usuários de drogas por um grupo de reformulação de vida e tratamento.

Terapia familiar

Quase sempre que observo um adolescente com problemas com álcool ou outras drogas encontro famílias desestruturadas, com problemas e dificuldades de relacionamentos afetivos, de hierarquia e de comunicação.

A terapia familiar é uma modalidade terapêutica indispensável no tratamento de jovens usuários de drogas e parte do princípio de que o núcleo familiar está disfuncional. Normalmente, as famílias estão devastadas pelo problema e é necessário incluí-las no processo terapêutico.

Intervenções familiares serão de grande importância para a identificação e o tratamento de interações problemáticas dentro de casa, para a melhoria das relações sociais e afetivas entre seus membros e para a criação de uma verdadeira rede de apoio familiar para auxiliar na prevenção de recaídas.

Psicoeducação

A psicoeducação envolve todos os esforços para informar e conscientizar o jovem usuário, assim como seus pais, familiares, professores e amigos sobre as drogas e como elas interferem em suas vidas.

Esse trabalho informativo auxilia o jovem a lidar com as situações problemáticas envolvendo o álcool e as demais drogas. Literatura específica sobre cada droga de abuso deve ser ofertada ao estudante e a todas as pessoas envolvidas no tratamento.

Alcoólicos Anônimos e os grupos de mútua ajuda

O Alcoólicos Anônimos (AA) foi fundado nos Estados Unidos em 1935 e conta hoje com cerca de 2 milhões de membros em mais de 100 mil grupos espalhados por aproximadamente 150 países ao redor do mundo.

Os grupos baseiam-se no anonimato de seus membros e são regidos pelos Doze Passos e Doze Tradições dos AA. O processo é realizado a partir de reuniões entre seus membros, nas quais são trabalhados os "doze passos para a sobriedade". A busca pela abstinência total do álcool é o objetivo do programa que inspirou a criação de dezenas de outros grupos de mútua ajuda para os mais diversos problemas, como os Narcóticos Anônimos e grupos de mútua ajuda para familiares de dependentes de álcool e outras drogas.

O sucesso dos grupos de mútua ajuda está no fato de serem anônimos, sem fins lucrativos, gratuitos, amplamente difundidos em grande parte das cidades, formados por uma comunidade de pessoas afetadas por problemas comuns e que se propõem a uma nova filosofia de vida, longe do álcool e de outras drogas.

Nos grupos são oferecidas oportunidades de depoimentos de seus membros, oportunidades para expor sentimentos, angústias e frustrações, sem medo de que sejam julgados, rejeitados ou recebam um retorno negativo das outras pessoas. Esses grupos têm fundamento na confiança em um poder superior, Deus.

O grupo pode representar uma nova chance de reestruturação pessoal, apoio, melhoria da autoestima perdida, melhoria das habilidades sociais e de relacionamento, formação de novas amizades e a criação de interações afetivas mais bem-estruturadas.

Rede de apoio social

Uma vez que o jovem usuário de droga afasta-se dos antigos amigos e familiares, buscando a companhia de outros usuários ou simplesmente seu próprio isolamento, a rede de apoio social formada pelos familiares e amigos não usuários de drogas será de grande importância para o tratamento. Esses grandes parceiros contribuirão na reconstrução de relacionamentos afetivos saudáveis, confiáveis e duradouros.

A rede de apoio, se bem-orientada, poderá promover ajuda e estimular mudanças de atitude e postura no jovem usuário. O objetivo final da rede de apoio será ajudar a promover a abstinência total da droga, a prevenção de recaídas e a nova e difícil adaptação do jovem para viver livre das drogas.

Os estudos mais modernos evidenciam a importância dessas intervenções terapêuticas em que a rede de apoio social está presente para ajudar na recuperação do jovem usuário de drogas.

CAPÍTULO 20

SITES NA WEB

A internet nos disponibiliza uma série de endereços eletrônicos nos quais podemos ter fácil acesso à informação.

Abaixo listo alguns desses principais endereços nos quais podemos encontrar textos e informações psicoeducacionais de qualidade relacionados com o uso e abuso de álcool e drogas na infância e adolescência.

Em português:

Comportamento infantil
http://www.comportamentoinfantil.com

Associação Brasileira de Estudos do Álcool e outras Drogas
http://www.abead.com.br
Unidade de Pesquisa em Álcool e Drogas — UNIFESP
http://www.uniad.org.br
Centro de Informações sobre Drogas Psicotrópicas — CEBRID
http://www.cebrid.epm.br
Álcool e Drogas sem Distorção — Hospital Israelita Albert Einstein
http://www.einstein.br/alcooledrogas
Secretaria Nacional Antidrogas
http://www.senad.gov.br
Instituto Nacional do Câncer — INCA
http://www.inca.gov.br/tabagismo
Alcoólicos Anônimos
http://www.alcoolicosanonimos.org.br
Narcóticos Anônimos
http://www.na.org.br
Nar-Anon
http://www.naranon.org.br
Amor exigente
http://www.amorexigente.org.br

Em inglês:

American Academy of Child and Adolescent Psychiatry
http://www.aacap.org
American Academy of Addiction Psychiatry
www.aaap.org

SITES NA WEB

National Institute on Drug Abuse
http://www.nida.nih.gov
National Institute on Drug Abuse for Teens
http://teens.drugabuse.gov
National Institute on Alcohol Abuse and Alcoholism
http://www.niaaa.nih.gov
Substance Abuse and Mental Health Services Administration
www.samhsa.gov
Center for Treatment Research on Adolescent Drug Abuse
www.med.miami.edu/ctrada
NYU Child Study Center
http://www.aboutourkids.org
Dance Safe
http://www.dancesafe.org
Talk to Frank
http://www.talktofrank.com

Referências Bibliográficas

Álcool e drogas sem distorção. Disponível em: <http://www.einstein.br/alcooledrogas>. Acesso em: 1 jan. 2014.

American Academy of Child and Adolescent Psychiatry. Disponível em: <http://www.aacap.org>. Acesso em: 1 jan. 2014.

American Psychiatric Association. *Diagnostic and Statistical Manual of Mental Disorders*. 4. ed. Washington, D.C.: American Psychiatric Association, 1994.

American Psychiatric Publishing. *Textbook of Child and Adolescent Psychiatry*. 3. ed. Washington, D.C.: American Psychiatric Publishing, 2004.

American Psychiatric Publishing. *Textbook of Substance Abuse Treatment*. 3. ed. Washington, D.C.: American Psychiatric Publishing, 2004.

ARANA, G.W. *Handbook of Psychiatric Drug Therapy*. 4. ed. Filadélfia, PA: Lippincott Williams Wilkins, 2000.

ASSUNÇÃO, F.B.; KUCZYNSKI, E. *Tratado de psiquiatria da infância e adolescência*. São Paulo: Atheneu, 2003.

BOUER, J. *Álcool, cigarro e drogas*. 1. ed. São Paulo: Panda, 2004.

CEBRID. Disponível em: <http://www.cebrid.epm.br/levantamento-brasil2/>. Acesso em: 1 jan. 2014.

____. Disponível em: <http://www.unifesp.br/dpsicobio/cebrid/folhetos/folhetos.htm>. Acesso em: 1 jan. 2014.

CORDIOLI, A.V. *Psicofármacos: consulta rápida*. 2. ed. Porto Alegre: ArtMed Editora, 2000.

Dance Safe. Disponível em: <http://www.dancesafe.org/>. Acesso em: 25 dez. 2006.

FERREIRA, AURÉLIO BUARQUE DE HOLANDA. *Miniaurélio: o dicionário da língua portuguesa*. Curitiba: Positivo, 2006.

GIGLIOTTI, A. *Dependência, compulsão e impulsividade*. Rio de Janeiro: Rubio, 2007.

GOLDMAN, L. *Cecil Textbook of Medicine*. 21. ed. W.B. Saunders Company, 2000.

GUYTON, A.C. *Textbook of Medical Physiology*. 9. ed. W.B. Saunders Company, 1996.

Instituto Brasileiro de Geografia e Estatística — IBGE. Disponível em: <http:// www.ibge.gov.br/brasil-em-sintese>. Acesso em: 1 jan. 2014.

Instituto Nacional do Câncer — INCA. Disponível em: <http://www.inca.gov.br/tabagismo>. Acesso em: 1 jan. 2014.

REFERÊNCIAS BIBLIOGRÁFICAS

KAPLAN, H.I. *Compêndio de psiquiatria: ciências do comportamento e psiquiatria clínica*; 7. ed. Porto Alegre: Artmed, 1997.

KATZUNG, B.G. *Farmacologia básica e clínica*. 6. ed. Rio de Janeiro: Guanabara Koogan, 1998.

KOLB, B.; WHISHAW, I.Q. *An Introduction on Brain and Behavior*. Worth Publishers, 2001.

LARANJEIRA, R. *Usuários de substâncias psicoativas: abordagem, diagnóstico e tratamento*. 1. ed. Conselho Regional de Medicina do Estado de São Paulo/Associação Médica Brasileira, 2002.

LEWIS, M. *Tratado de psiquiatria da infância e adolescência*. 1. ed. Porto Alegre: Artmed, 1995.

MILHORN, H.T. *Drug and Alcohol Abuse — The Authoritative Guide for Parents, Teachers and Counselors*. Da Capo Press, 2003.

National Institute on Drug Abuse — NIDA Disponível em: <http://www.nida.nih.gov>. Acesso em: 1 jan. 2014.

Organização Mundial de Saúde. *Classificação estatística internacional de doenças e problemas relacionados à saúde*. 10. ed. São Paulo: Editora da Universidade de São Paulo, 1996.

Project GHB. Disponível em: <http://www.projectghb.org>. Acesso em: 1 jan. 2014.

PRUITT, D.B. *Your Adolescent: What Every Parent Needs to Know. What's Normal, What's Not, and When to Seek Help*. 1. ed. American Academy of Child and Adolescent Psychiatry, Nova York: Harper Collins, 1999.

MANUAL ANTIDROGAS

____. *Your Child: What Every Parent Needs to Know About Childwood Development From Birth to Pre-adolescence.* 1. ed. American Academy of Child and Adolescent Psychiatry, Nova York: Harper Collins, 1998.

RANGÉ, B. *Psicoterapias cognitivo-comportamentais: um diálogo com a psiquiatria.* Porto Alegre: Artmed, 2001.

RUTTER, M; TAYLOR, E. *Child and Adolescent Psychiatry.* 4. ed. Blackwell Publishing, 2002.

STAHL, S.M. *Psicofarmacologia-base neurocientífica e aplicações práticas.* 2. ed. MEDSI Editora Médica e Científica Ltda, 2002.

STALLARD, P. *Bons pensamentos — bons sentimentos: manual de terapia cognitiva-comportamental para crianças e adolescentes.* Porto Alegre: Artmed, 2004.

TEIXEIRA, G. *Manual dos transtornos escolares.* Rio de Janeiro: Best*Seller*, 2013.

____. *Drogas — Guia para pais e professores.* Rio de Janeiro: Rubio, 2007.

____. *Transtornos comportamentais na infância e adolescência.* Rio de Janeiro: Rubio, 2006.

Unidade de Pesquisa em Álcool e Drogas — UNIAD. Disponível em: <http://www.uniad.org.br>. Acesso em: 1 jan. 2014.

United States Department of Education. Disponível em: <http://www.ed.gov>. Acesso em: 1 jan. 2014.

O AUTOR

Dr. Gustavo Teixeira é natural de São José do Rio Preto, estado de São Paulo. Estudou nos Estados Unidos, graduando-se pela South High School, em Denver, estado do Colorado, local onde aprendeu pela primeira vez sobre programas escolares de inclusão de crianças com necessidades especiais.

Dr. Gustavo se tornou médico aos 25 anos e continuou seus estudos no Instituto de Psiquiatria da Universidade Federal do Rio de Janeiro. Ele é também especializado em Dependência Química pela Universidade Federal de São Paulo, em Saúde Mental Infantil pela Santa Casa do Rio de Janeiro e possui curso de extensão em Psicofarmacologia da infância e adolescência pela Harvard Medical School.

O médico brasileiro é mestre em Educação pela Framingham State University, nos Estados Unidos, e palestrante internacional em inclusão e educação especial.

Dr. Gustavo já apresentou dezenas de workshops nos últimos anos, em países como Austrália, Coreia do Sul, Áustria, Inglaterra, Suécia, escolas internacionais e cursos de verão nos Estados Unidos para o Department of Special Education and Communication Disorders da Bridgewater State University, universidade localizada no Estado de Massachusetts, onde é professor visitante.

No Brasil, ele também realiza palestras em universidades e escolas para orientar professores e psicólogos sobre as principais condições comportamentais que afetam crianças e adolescentes no ambiente escolar.

Contato com o autor

Contatos para consultorias, palestras, cursos, eventos, entrevistas e consultas:

(21) 2710-6729
(21) 98232-2785
www.comportamentoinfantil.com
comportamentoinfantil@hotmail.com
www.facebook.com/comportamentoinfantil
www.twitter.com/drteixeira

Este livro foi composto na tipologia
Sabon LT Std, em corpo 12/18,85, e impresso
em papel off-white no Sistema Cameron da
Divisão Gráfica da Distribuidora Record.